康有爲學術著作選

康子內外篇（外六種）

康有爲 著
樓宇烈 整理

中華書局

圖書在版編目(CIP)數據

康子内外篇:外六種/康有爲著;樓宇烈整理. -北京:中華書局,1988.8(2012.7重印)
(康有爲學術著作選)
ISBN 978-7-101-00220-1

Ⅰ.康… Ⅱ.①康…②樓… Ⅲ.康有爲(1858~1927)-文集 Ⅳ.B258

中國版本圖書館CIP數據核字(2012)第054142號

康有爲學術著作選
康 子 内 外 篇
(外六種)
康有爲 著
樓宇烈 整理

*

中 華 書 局 出 版 發 行
(北京市豐臺區太平橋西里38號 100073)
http://www.zhbc.com.cn
E-mail:zhbc@zhbc.com.cn
北京瑞古冠中印刷廠印刷

*

850×1168毫米 1/32・6½印張・2插頁・136千字
1988年8月第1版 2012年7月北京第2次印刷
印數:4201-7200册 定價:20.00元

ISBN 978-7-101-00220-1

點校説明

本集收康有爲早期學術著作若干種，關於各篇點校情況分別説明如下：

一、康子内外篇，共十五篇，其中前九篇曾刊登於清議報一八九九年第十一、十三、十五、十七、十八各册「支那哲學」欄，注明係「南海先生二十歲前舊稿」，其餘六篇則未刊出過。然據康有爲自編年譜載：「光緒十二年丙戌（一八八六年）二十九歲，……是歲作内外康子篇，内篇言天地人物之理，外篇言政教藝樂之事」。次年又載：「作内外篇，兼涉西學，以經與諸子，推明太古洪水折木之事……」。據此，則康子内外篇作於一八八六、一八八七，康氏二十九歲與三十歲兩年間，清議報所謂「南海先生二十歲前舊稿」中之「二十」，恐爲「三十」之誤。湯志鈞先生編康有爲政論集定此文爲「寫於一八七七年（光緒三年）以前」，「爲從朱次琦受學後所撰」，是承清議報舊説而來。考康子内外篇所言「天地人物之理」及「政教藝樂之事」，均大有「兼涉西學」者，而康氏涉獵西學，乃是二十歲以後之事。其自編年譜光緒五年二十二歲條下載：「得西國近事彙編，李□環游地球新録及西書數種覽之。薄游香港，……漸收西學之書，爲講西學之基矣」。光緒八年二十五歲條下載：「九江先生（朱次琦）卒，……道經上海……大購西書以歸講求焉，……自是大講西學，始盡釋故見」。經過數年的思索後，康氏逐漸醞釀成一套學術思想，這就是他在自編年譜光緒十年二十七歲條下所説的：「合經子之奥言，探儒佛之微旨，參中西之新理，窮天人之賾變，搜合諸教，披析大地，剖析今故，窮察後來。自生物之源，人羣之合，諸天之界，衆星之故……以是爲道術，以是爲行己」。康子内外篇的内容正是這一套學術思想的具體發揮。因此，内外篇絶不可能是康氏二十歲前尚未接觸西學時的著作。同時，由此也可見康子内外篇是康有爲接受西學，沖破舊學「故見」束縛，在思想上發生重大轉變時期的一部代表作。一九七六年康氏弟子蔣貴麟先生從康氏未刊文稿縮微膠卷中録出内外篇未刊之後六篇，連同前九篇，一起刊印於他所編的萬木草堂遺稿外編（由臺北成文書局出版）中，之後臺灣清華學報上發表李三寶先生的康子内外篇初步分析——康南海現存最早作品一文，除刊載内外篇全稿外，並在每篇後對其主要思想作一簡要的分析。一九八〇年中國哲學史研究創刊號上轉載了李三寶先生所整理的康子内外篇全文。一九八一年中華書局出版湯志鈞先生編康有爲政論集，收入了清議報上原刊出的九篇。此次整理本稿，以蔣貴麟先生編萬木草堂遺稿外編本爲底本，參校以李三寶先生整理本（簡稱李本）及清議報刊本。其中各本明顯的筆誤或排印錯字，均隨手改正，不再出注，其他凡各本相異者，均出校記説明，以供參考。

二、實理公法全書，此書爲康有爲計劃編輯的萬身公法叢書中的一種。據現存萬身公法書籍目録提要未刊手稿所載，此叢書計劃有：實理公法全書、公法會通、禍福實理全書、地球正史、地球學案等多種，而實理公法全書則爲「萬身公法之根源，亦爲萬身公法之質體」。此書約與内外篇寫於同一時期。康有爲自編年譜在光緒十一年（一八八五年）條下載：「從事算學，以幾何著人類公理。……乃手定大同之制，名曰人類公理」。次年（一八八六年）條中載：「又作公理書，依幾何爲之者」。又次年條中亦載：「是歲編人類公理」。這些條中所說的人類公理、公理書，可能就是本書的前身。一者，此書編撰體例正是依「幾何」方法，每條目下以「實理」、「公法」、「比例」等項推論之，分別相當於「幾何」中的定義、定理、公式、證明等項。其二，全文所涉及的方面，從「人類門」、「夫婦門」，以至「治事門」等，都是論人類之公法（公理）者。其中所敍述的許多思想在康氏以後所著的大同書中有進一步的闡發，是研究康氏早年政治理想的重要著作。但此書夫婦門中引用了一八九一年法國巴黎的人口統計材料，則顯然不卽是一八八五至一八八七年所作的人類公理、公理書。或經以後補充而成耶？則其最後成稿不可能早於一八九一年。此書原只有抄本的縮微膠卷復印件流傳，一九七六年蔣貴麟先生刊入他所編的萬木草堂遺稿外編中（包括萬身公法書籍目録提要一文）。一九八四年中國文化集刊創刊號也刊出此書全文。此次整理以萬木草堂遺稿外編本爲底本，參校以中國文化集刊本，其中明顯錯字漏字均隨手改正，不出說明，凡異文則均出校記注明之。

三、民功篇，這是康有爲一篇未完成的著作手稿，現存約三萬餘言。全文鈎稽經史諸子所載資料，時附以述評。大略言，自伏羲、神農、黃帝、堯、舜，以至於禹，均爲有所制作（或製作器物制度，或變政以利民），有功於民，而爲民推戴爲民主者，並以天下爲公器。但是從秦開始，以殺人軍功爲得爵，且自私其天下。漢、唐以下，悉用秦制，其「既篤既久」，於是「只知君國爲重乃大，以民爲輕」，因此「二千年來，民功遂歇絶息滅滅天下」。此文寫於何時已不可詳考，然觀其文中徵引各國歷史，及着重論述「法久則弊必生」，强調適時地「自變其政」的重要等，疑寫作於戊戌變法前，康氏三十歲左右，是一篇瞭解康氏早年政治思想的重要著作。此次整理以蔣貴麟編萬木草堂遺稿外編所刊文爲據，文中所引經史諸子之文字，盡可能與原書校核，改正其中錯字，補出重要奪字。康氏按語中明顯錯字隨手改正，有疑者則加按説明。

四、弟子職集解，弟子職原在管子書中，爲古時家塾教弟子之法，弟子事師之儀節等。康氏序云，此書採唐人舊注（或説房玄齡注，或説尹知章注）、清洪北江弟子職箋釋等，並稍有增演，而名爲集解。此書寫作年月不可考，據現存康氏一八九一年前所作論文論幼學等觀之，此書可能也寫成於這一時期。今據蔣貴麟編萬木草堂遺稿外編所刊文爲據，凡文中所徵引的古籍，盡可能核對原文，改正其中的錯字和衍脱。

五、論幼學至中和説等，此五篇爲康有爲一八九一年前所寫的辯論文，收於康同壁編萬木草堂遺稿卷一中。今據蔣貴麟刊遺稿本選出，編入本集中，以爲研究康氏早年學術思想之參考。

六、南海先生與朱一新論學書牘，其中收朱一新與康有爲書七通，康有爲致朱一新書三通。這些來往書札爲光緒辛卯年間作（一八九一年）。是年七月康氏新學僞經考刻成，書出後在學術界引起强烈的反響。其時朱一新（蓉生）掌教廣州廣雅書院，見書後「來訪與辨難頗多」（自編年譜），以後並貽長書詰難，康氏亦以長書答之。爲當時學術界的一次重要論辯。朱氏前五通書，以後均收入蘇輿編的翼教叢編中，朱氏弟子編朱氏遺著爲拙盦叢稿，又收入末後兩通書。康氏答書收入康同壁編萬木草堂遺稿卷四中，僅得三通。蔣貴麟先生爲「存學術思想史上一大公案」，將這些信件合編在一起，這是很有意義的。此次編入本集時，又重據拙盦叢稿等作了校核，改正了其中一些錯字。

七、與沈刑部子培書二通，均爲康氏自述學術思想變遷的重要史料。致梁啓超書一通，及與甥女譚達印書，亦均爲了解康氏學術思想某一側面的重要資料。因此特從康同璧編萬木草堂遺稿卷四中録出，附於本集，以備參考。

樓宇烈

一九八五年二月

目録

康子内外篇

實理公法全書

康子内外篇

一、闔闢篇

天下移人最巨者何哉？莫大於言議覺議〔一〕矣。父子之親，天性也。而佛氏能奪之而立師徒。身命之私，至切也。而聖人能奪之而徇君父。夫以其自有之身及其生身之親，說一法立一義而能奪之，則天下無有不能奪者矣。故明此術者，何移而不得？故善爲君師者，明於闔闢之術，塞其途，墐其户，令之梯而登天，穴而入地，誘於其前，鞭于其後，若驅羣羊。然積之既久，則習非成是，而後道義明焉。顓顓由之，不能自舍，雖反其道以易之，非百數十年不可矣。然欲驅之，不能不依于勢，無其勢不能爲也。明于時勢，通于人心，順而導之，曲而致之，而才智足以操馭焉，則若決江河之堰，放湖陂之波，積巨石大木于高山之上，惟其意所欲爲，無不如志矣。

天倫之大，身命之重，猶可以虛言易之，況以政事束民，而禮樂潤色之，焉求而不可？匹夫倡論，猶能易風俗，況以天子之尊，獨任之權，一嚬笑若日月之照臨焉，一喜怒若雷雨之震動焉。卷舒開合，撫天下於股掌之上，但精神能運之，氣魄能鎮之，則意指所屬，顧盼自定。故居今日地球各國之中，惟中

〔一〕「覺議」，李本作「覺識」。

國之勢獨能之。非以其地大也，非以其民衆也，非以其物産之豐也，以其君權獨尊也。其權之尊，又非勢劫之，利誘之，積於二帝、三王之仁，漢、唐、宋、明之義，先聖羣賢百千萬人、百千萬年講求崇獎激勵而成之。故民懷舊俗而無外思，臣慕忠義而無異論，故惟所使也。故〔一〕挾獨尊之權，誠知闔闢之術，則人才之乏不足患，風俗之失不足患，兵力之弱不足患。一二人謀之，天下率從之，以中國治强，猶反掌也，惟此時之勢爲然。

或曰：子之學得無近於管、商乎？答之曰：不然。子之所謂管、商者，其迹也。夫管子之治民，曰：「衣食足而知禮節，倉廩實而知榮辱」，是卽聖人厚生正德之經，富教之策也。天下爲治，未有能外之者也。王霸之辨，辨〔二〕于其心而已。其心肫肫於爲民，而導之以富强者，王道也；其心規規於爲私，而導之以富强者，霸術也。吾惟哀生民之多艱，故破常操，壞方隅，孜孜焉起而言治，以不忍人之心，行不忍人之政，雖堯、禹〔三〕之心不過是也。所以不能不假權術者，以習俗甚深，言議甚多，不能無輕重開塞以傾聳而利導之。若人心既服，風俗既成，則當熙熙皞皞，以久導化之。爲之君相，祇以爲吾民，無所利焉，此非迂儒所能識也。昔武侯治蜀，有取于管子、韓非，豈非以治國所當有事耶？且聖人豈能無開塞之術哉？殛四凶，塞之術也；舉十六相，開之術也。式商容閭，表比干墓，開之術也；誅飛廉，殺華士，塞

〔一〕「故」，李本作「以」。
〔二〕李本無此「辨」字。
〔三〕「禹」，李本作「舜」。

之術也。聖人妙于開塞之術，塞淫邪之徑，杜枉奸之門，而爲禮以束之，爲樂以樂之，開人於〔一〕爲善之途，使天下之民，鼓舞軒饕而不自知。故曰「民可使由之，不可使知之」也。

民不可使知，故聖人之爲治，常有苦心不能語天下之隱焉。其施于治也，意在彼而迹在此，不能無畸輕畸重之迹焉。其始爲也，可以犯積世之清議，拂一時之人心，蒙謗忍垢而不忍白焉。及其端緒成，規模範，然後從容反之于中和之域。其操縱啓閉，當時不能知，後世亦或不能知，惟達識之君子知之。

光武以漢末士之無節，頌符命者十餘萬人，知國之必有與立也，故獎崇節行之士，禮嚴陵、傅卓茂、相伏湛，故卒獲節義之報。黨錮之士，斷脰伏節，以抗奸佞，蔚宗以爲漢百餘年之不亡，實諸公之力，光武明于開之術也。魏武既取跅弛之人，棄節行之士，以苟立大業。及其得國，又不知塞之之故，不旋踵而國亡，昧於塞也。

康熙十七年，吴三桂叛逆半天下，而聖祖開鴻博之科，明之耆宿，既盡網之，則天下之民歸心矣。雍正中，世宗詔舉技勇之士，開二十石弓，舉刀千斤者得數千人，號「勇健軍」，於時盜賊無警。是故人主挾富貴之權，臨億兆之衆，苟或好之，必有以應之。況用意深遠，有折衝于廟堂者哉？視其開塞之道何如耳。

魏文帝將遷洛陽，而云伐宋，以開塞之術行之也；勾踐將滅吳，而俯首事之，以開塞之術行之也。

〔一〕「於」，李本作「以」。

日本明治皇〔一〕之變西法也，並其無關政事之衣冠正朔而亦變之，所以示民有所重也，所以示泰西有所親也，以開塞之術行之也。

魏之奮擊，齊之鐵騎，秦之武士，能負六鈞之甲、百石之重以趨，其君尚武開之也。梁之時舉國事佛，晉之時舉國談玄，其君尚談開之也。故楚靈王好細腰，宮人多餓死；齊桓好紫，一國之人皆紫〔二〕。漢武開功名之路，而司馬相如、主父偃、嚴助、吾丘壽王、衛青、霍去病之徒進，傅介子、陳湯、班超猶其餘風也。唐太宗好諫說之徒，而魏徵、劉洎、馬周、伏伽之類出，褚遂良、魏元忠、宋璟、張九齡猶其餘風也。故傳有風草之喻，馬皇后有高髻廣袖之譬也。今功令以制藝取士，其爲科第也微矣，而天下士人千億，窮力斃命，白首赴之，此未有祈嚮標的而輕重之也，然猶縛人而頓掣之如是。況有所祈嚮而樹之標、立之的者乎？

凡言治者，非徒法先王法後王〔三〕可以爲治也；當酌古今之宜，會通其沿革，損益其得失，而後能治也。損益其沿革得失，確然可以施之爲治矣。不知施之之術，不足爲治也。施之之術，有先有後，有輕有重，有宜先而後，有宜輕而重，有忽先忽後，忽輕忽重，在審時勢，通民心，挈而抑之，頓而制之，舉之九天之上，沈之九淵之下，震之以雷霆，潤之以雨澤。妙其控縱，而天下之治，惟我所欲求，蓋開塞之道

〔一〕「明治皇」，李本作「王睦仁」。
〔二〕「皆紫」，李本作「皆服紫」。
〔三〕「法後王」，李本作「從後王」。

得也。有大不忍人之政，施之又不可以不忍人之心也，必有大忍人之心而後可也。明太祖之愛民也，則剥贓吏之皮；諸葛武侯之愛其師，則殺敗軍之將。要於爲治則朝超進而暮戮之。洪武三十年，（蔣校：疑爲十三年）戮六卿之長部數十人，而天下蒸蒸，百事修舉矣。故今將爲治，刑亂國，用重典，非大加生殺，黜戮其尤者，自親貴始，無以聳耳目而整渮風，勵精神而貞百度也。及吾政制已行，化令已成，然後以寛大養之。

天下之能立功立事者，惟其熱氣〔一〕爲之也。凡挾才智藝能之人，其下者利禄富貴之欲必深，其高者功名之心必厚，寡有淡泊者，蓋其熱盛也。淡于爵禄、淡于功名之士，雖有德行志節，其於趨事赴功也必遲且鈍。吾方欲有爲也〔二〕，德行志節之士，苟非遯世無悶者，亦將〔三〕俛首從我，而吾視其德器之大小而禮貌之。自餘才智藝能之人，則惟我操縱所欲爲〔四〕，其樹之標也高，其求之途也廣，登而進之也驟，棄而罰之也重。導以不測之恩，臨以不測之威，不肖頽懦無才之人，畏懼而不敢來，聰明峻特之人，屢躓而仍思進。毋冷其熱，毋散其氣，廣開功名之路，吾因招而撫之，一二年而風化成、事功立矣。

知此道而天下之才不可勝用也；天下雖無才，而吾可激而厲之，養而成之。是故以之顧問，而聰明辯智足以拓吾之見聞；以之使令，而幹局才敏足以應吾之指撝。百務百司，翹首企足，洗滌濯祓以赴

〔一〕「熱氣」，李本作「熱血氣」。下「熱盛也」作「熱血盛也」。

〔二〕此句李本「欲」下有一「其」字，作「吾方欲其有爲也」，則此句當聯上而句斷。

〔三〕「將」，李本作「得」。

〔四〕此句李本作「才智之人，短長而操縱之，爲其樹……」。

事。人主欲墾地，則地無不墾矣；欲興水利，則水利無不開矣；欲富農，則農足矣；欲阜商，則商興矣；欲精百工、利器械，則百工器械無不精矣；欲開一切之學校，明一切之禮樂，則學校禮樂無不修明矣；欲鍊水陸之兵師，則無不鍊矣。運百里于指掌，撫小民如子孫，使天下願爲吾民者，靡有饑寒乞丐僵仆愚蒙者。民富矣，而後風俗可厚；內治修矣，而後外交可恃，此歐洲大國之所畏也〔一〕。三年而規模成，十年而本末舉，二十年而爲政於地球，三十年而道化成矣。於以雪祖宗之憤恥，恢華夏之聲教，存聖倫於將泯，維王教於漸墜，威乎威乎，千載一時也。

二、未濟篇

康子深思天人之故，歎曰：嗚呼！易其至矣。易始於乾、坤，中於咸、恆，而終於既濟、未濟，易其深於理矣。夫有天地而有萬物，有萬物而有男女，而有君臣父子，而禮義措焉。雖然，剝則有復，泰則有否，治亂相乘，有無相生，理之常也。然君子之於〔二〕治，欲其盡之也，故艱難而締構之。然堯、舜而有洪水，禹、啓而有羿、浞，湯而有桀，武而有幽。孔子興而諸子出，經學盛而老、莊鳴，心性昌而考據起，譬之大疾痿痺，雖有和緩、扁鵲、倉公，少瘳而已，其終亦不治之證〔三〕也。天不能使人皆爲聖賢，即使

〔一〕「而後外交可恃」一句，李本作：「而後外夷可詰於臣。天馬南飲，戈船東指，何嚮不可？何求不可得？」「此歐洲……」作「此莫〔非〕歐洲……」。

〔二〕李本無此「於」字。

〔三〕「證」，李本作「症」。

人皆聖賢，不能使無疾病貧夭。人之願望無窮，則人之望治無已，然則徒喚奈何而已。況天之生，善人少而惡人多，風雨寒暑之不時，山川物質之不齊，人之氣質，受成于地，感生于山川物質，觸遇于風露寒暑，爭欲相熾，心血相構，奈之何哉？躁者不知察此，急于一時以赴事功。事功有天焉，即天眷助之，其成也，于人之益無幾矣。聖人知此，故知消息進退存亡之理，潛龍〔一〕則發揮遯世無悶，樂行憂違，無入而不自得，蓋知天下之故也。故曰：易終未濟，深矣哉！

朱子嘗曰：「看來天下事終于不成，事何必求其成？」亦未濟之理也。蓋成則毀隨之矣，亦安見其成之有？嗟夫！凡人窮思，便入于佛〔二〕，朱子於此，蓋近佛矣。雖然，佛道固出于易也。

何言佛與易近也？以象爲教，一近也。地獄天堂，諸佛國土，羅刹夜叉，即載鬼一車，見矢張弧之象也。以無爲有，空諸所無，即屯、否之象，發剥、革之義，陳亢極之悔，終未濟之卦也。華嚴八地，不舍諸有，隨喜順受，即進退消息，居身涉行之義也。故曰：佛與易近。其所異者，佛說無生，故歡喜而遊戲；易入人倫，故恐懼以寡過耳。

〔一〕「潛龍」，李本作「鬼龍」。
〔二〕「便入於佛」，李本作「必入於佛」。

三、理學篇

夫萬物之故，皆有所以然之理。天固與之具〔一〕，自爲調護，自爲扶持，其精爲人，神明獨運〔二〕，然亦僅以自營。推其同形，其神明愈大者，其所推愈大，亦及其同類而已。及同類者〔三〕，仁也；有所斷限者，義也。其斷限之等，以及其大小遠近，皆自其識爲之，所謂智也。智也者，外積于人世，內濬于人聰，不知其所以然，所謂受于天而不能自已也。學也者，窮物理之所以然，裁成輔相，人理之當然而已。然當然之理，未易言也。內外有定而無定，方圓、陰陽、有無、虛實、消長，相倚者也，猶聖人之與佛也。義理有定而無定，經權、仁義、公私、人我、禮智，相倚者也，猶中國之與泰西也。然則人何就何去？曰：行其有定，觀其無定，通之而已。何謂行？曰：先王制爲君臣、父子、兄弟、夫婦、朋友，吾生于其中，則循其故常，君者吾君之，臣者吾臣之，父者吾父之，子者吾子之，兄弟、夫婦、朋友猶是也，衣服、宮室、正朔、文字、義理，猶之人也，所謂行也。夫道要于可行，學出于不能，道之與學，相反而相成也。若夫上下百年，鑒古觀後，窮天地造化之故，綜人物生生之理，探智巧之變，極教治之道，則義理無定，有可得而言焉，觀其變之動，知後之必有驗也，求其理之原，知勢之必有至也〔四〕。

〔一〕「具」，李本作「是」，屬下讀。
〔二〕「運」，李本作「凝」。
〔三〕「及同類者」，李本作「及其同類者」。
〔四〕此句李本作「知勢之有必有至也」，並在下「有」字後注云：「此字似多餘，原文如此」。

四、愛惡篇

人稟陰陽之氣而生也。能食味、別聲、被色，質爲之也。于其質宜者則愛之，其質不宜者則惡之，兒之于乳已然也。見火則樂，暗則不樂，兒之目已然也。故人之生也，惟有愛惡而已。欲者，愛之徵也。喜者，愛之至也。樂者，又其極至也。哀者，愛之極至而不得，卽所謂仁也，皆陽氣之發也。怒者，惡之徵也；懼者，惡之極至而不得，卽所謂義也，皆陰氣之發也。嬰孩沌沌，有愛惡而無哀懼，故人生惟有愛惡而已。哀懼之生也，自人之智出也。魂魄足矣，腦髓備矣，知覺于是多焉，知刀鋸水火之足以傷生也，于是謹避之。嬰兒不知刀鋸水火之足以傷生而不避也，禽獸亦然。聖人之知更多，故防害于未至，慮患于未然，曲爲之防，力〔一〕爲之制。故其知愈多者，其哀懼愈多，其知愈少者，其哀懼愈少。其有無不能終窮也，以分數計之。

聖人，智之極也。然其類也，亦見近而不見遠，見牛未見羊也〔二〕。凡有哀必有界，哀今人而不暇哀古人，哀其親而不能哀其疏也。凡哀懼亦有限，懼女謁而不及夷狄，懼夷狄而不及亂民也。蓋氣質有窮，智亦有窮，而哀懼亦有窮也。聖人以有知而哀懼生，以有知而哀懼節。故哀懼者，愛惡之變，而實愚智之端也。人之有生，愛惡仁義是也。無所謂性情也，無所謂性情之別也。愛惡皆根于心，故主

〔一〕「力」，李本作「事」。
〔二〕「見牛未見羊也」，李本作「見牛而不見羊也」。

名者名曰性情，造書者從心生。要知其生于心而已。存者爲性，發者爲情，無所謂善惡也。後人有善惡之說，乃謂陽氣善者爲性，陰氣有欲爲情。說文于是以仁義爲陽而善者，以愛惡爲陰而欲者。夫仁之與愛，義之與惡，何異之有？今之所謂仁義者，積人事爲之，差近于習，而非所謂性也。若夫性則仁義愛惡無別也，善者非天理也，人事之宜也，故以仁義爲善，而別于愛惡之有惡者，非情也，習也〔一〕。

自人不知人生僅有愛惡之端，其愛惡存者名爲性，其愛惡發者名爲情，于是異說紛紛矣。乃謂性有五，于仁義之外，有禮信智焉。夫禮信者，人事之不得不然，自其智爲之，以順仁義者也。以禮信爲性，是不識性也。又謂情有七，于愛惡之外，有喜懼哀怒欲焉。白虎通言六情，無欲，異禮運矣。夫喜欲樂哀，皆愛之屬也，懼怒皆惡之屬也，有淺深常變而無別殊也。猶耳目鼻口在首之中，指掌腕臂在手之內。若以耳目口鼻與首竝提，指掌腕臂與手偕論，則爲不智也，奈之何言性情者類此也！不知愛惡仁義無異于是。天下以性情言善惡者紛紛矣，孟子言性善，荀子言性惡，楊子言善惡混，韓子强爲之說曰三品，程、朱則以爲性本善，其惡者情也，皆不知性情者也。程子曰：「論性不言氣不備」。夫性者，氣質所發，猶一子也，但于氣質中別名之耳，安所謂不備哉？譬如附子性熱，大黃性涼，氣質之爲之也。禮者法製其藥性，涼熱有分數，製法亦有輕重，要宜于人而已，何所謂善惡耶？善乎！孔子之言曰：「性相近，習相遠」。言相近者，謂出于禽蟲之外，凡爲人者必相近也，不稱善惡。至於習于善，習于惡，則人爲之矣，故相遠也，其言至矣。召誥曰：「節性，惟日其邁」。性待乎節，非善可知也。漆雕開、子賤、

〔一〕「習也」，李本作「習有也」。

世子亦言性有善惡，禮緯：「性，生之質也」。春秋繁露曰：「性比于禾，善比于米。米出于禾中，而禾未可全爲米也；善出于性中，而性未可全爲善也。」韓詩外傳曰：「繭之性爲絲，弗得女工燔以沸湯，抽其統理，不成爲絲。卵之性爲雛，不得良雞覆伏守育，積日累久，不成爲雛。」此二説似善爲喻矣，亦非也。夫禾雖未爲米，卵雖未爲雛，而禾必爲米，卵必爲雛，雖有失，不爲他物也。繭絲之説爲近之，然亦未至也。嘗試譬之，性則絲帛也，善則冕裳也。織之、染之、練之、丹黄之、又復製之，冕裳成焉，君子是也。弗練、弗織、弗文、弗色，中人是也。污之糞穢，裂爲繒結，小人是也。

告子曰：「食色性也」，「性猶湍水也」，是也；曰：「以人性爲仁義，猶以杞柳爲杯（桮之誤）棬」，則未至也。夫人性本有仁義，特非仁義之至耳。其爲之又有分數之異。其分多者爲之順，其分少者爲之逆，故夫告子之意近是而言未至也。雖然，在諸儒中蓋近理矣。

雖然，愛惡仁義非惟人心有之，雖禽獸之心亦有焉。然則人與禽獸何異乎？曰：異于其智而已。其智愈推而愈廣，則其愛惡愈大而愈有節，于是政教禮義文章生焉，皆智之推也。故人之性情，惟有智而已，無智則無愛惡矣，故謂智與愛惡爲一物也。存于内者，智也；發于外者，愛惡也。豈徒禽獸？草木亦有愛惡，特愈微耳。

或謂曰：針芥磁石，無知之物也，而能相引，是有愛惡之質，無智之質也，智固與愛惡異也。答之曰：智無形也，見之于愛惡。其愛惡大者，見其智之大；其愛惡少者，驗其智之少，皆氣質爲之也，何別焉？彼昧于理者，以仁智爲理，以物爲氣質，謂理氣有異，不知天下舍氣質，豈有異物哉？

抱愛質多者，其於人也，豈所不愛？肫肫其仁，有莫釋于其懷者焉，其弊也貪。抱惡質多者，其于物也，無所不惡，矯矯其義，有莫適其心者焉，其弊也激。其愛惡均而魂魄强者，中和之美質也。周子曰：「柔善爲慈、爲順、爲巽。柔惡爲懦弱、爲無斷、爲邪佞」，此偏于愛質多者也。「剛善爲義、爲直、爲斷、爲嚴毅、爲幹固。剛惡爲猛、爲隘、爲强梁」，此偏於惡質多者也。隱括之，揉化以變于中和，此則學之事也。是故聖人貴學。

五、性學篇

中國五帝三王之教，父子夫婦君臣兄弟朋友之倫，粟米蔬果魚肉之食，詩書禮樂之學，士農工商之民，鬼神巫祝之俗，蓋天理之自然也，非人道之至也。順人性而教之也，非學而爲之也，非獨中國然也。何也？夫人類之始，有雌雄牝牡之合，即有父子兄弟之親；有欲而有爭，則有豪長以治之；有冥而合精，則有鬼神以臨之。以强陵弱，則茹毛飲血，食肉莫先焉；以智取食，則耕田鑿井，農事莫先焉；有制作而後有百工飭八材；有米粟什器而賈商阜通焉。人治而後有士，誦言以教之則最後者也。三人具，則豪長上坐而禮生焉；聲音暢，則歌謠起而詩出焉，同時而起者也。土鼓蕢桴以爲樂，立章約法以爲書，更其後者也。此五者，人類未有能外之者也。故歐洲之先，倫食學俗必同也，羅馬之政是已。即以印度之先，其倫食學俗必同也；即墨西哥之先，其倫食學俗必同也，未有能外之者也。凡言乎學者，逆人情而後起也。人性之自然，食色也，是無待于學也；人情之自然，喜怒哀樂無節也，是不待學也。學，所以節食色喜怒哀樂也。聖人調停于中，順人之情而亦節人之性焉。惟佛則不然。人好食則殺禽獸，不仁甚矣，聖人知其不可，陰食之而陽遠庖廚以養其仁心，欺矣。佛則戒殺生不食肉焉。人好色，則爭奪殺身忘親，聖人知其不可，陰縱之而陽設禮教以束縛之。夫色心之盛豈能束縛？必至不義矣。佛則戒淫以絕之。自六根、六塵、三障、二十五有，皆人性之具，人情所不能無者，佛悉斷絕之。故佛者逆人情悖人性之至也，然而學之至也。聖人性惡兼之，爲子莫執中焉，未可謂學之至也。故學之至也，于佛而止矣，蔑以加矣。

天地之理，惟有陰陽之義，無不盡也，治教亦然。今天下之教多矣，於中國有孔教，二帝三皇所傳之教也。於印度有佛教，自創之教也，於歐洲有耶穌，於回部有馬哈麻，自餘旁通異教，不可悉數。然余謂教有二而已。其立國家、治人民，皆有君臣父子夫婦兄弟之倫，士農工商之業，鬼神巫祝之俗，詩書禮樂之教，蔬果魚肉之食，皆孔氏之教也，伏羲、神農、黃帝、堯、舜所傳也，凡地球內之國，靡能外之。其戒肉不食，戒妻不娶，朝夕膜拜其教祖，絕四民之業，拒四術之學，去鬼神之治，出乎人情者，皆佛氏之教也。耶穌、馬哈麻一切雜教，皆從此出也。聖人之教，順人之情，陽教也；佛氏之教，逆人之情，陰教也。故曰理惟有陰陽而已。

然則此二教者，誰是誰非，誰勝誰負也？曰：言不可以若是也。方不能有東而無西也，位不能有左而無右也，色不能有白而無黑也。四時無上下，以當令爲宜；八音無是非，以諧節爲美。孔教之倫學民俗，天理自然者也，其始作也；佛教之去倫絕欲，人學之極致者也，其卒也。孔教多于天，佛教多于人；

孔教率其始，佛教率其終；孔教出于順，佛教出於逆；孔教極積累，佛教極頓至；孔教極自然，佛教極光大。無孔教之開物成務于始，則佛教無所成名也。狗子無佛性，禽獸無知識，無煩惱，佛可不出。人治盛則煩惱多，佛乃名焉，故舍孔無佛教也。佛以仁柔教民，民將復愚，愚則聖人出焉，孔教復起矣，故始終皆不能外孔教也。然天有毀也，地有裂也，世有絕也，界有劫也，國有亡也，家有裂也，人有折也，皆不能外佛教也，故佛至大也。是二教者，終始相乘，有無相生，東西上下，迭相爲經也。當其時則盛，窮其變則革。智人觀其通而擇所從，或尊或闢，非愚則蒙者也。此二教非獨地球相乘也，凡衆星有知之類，莫不同之；非徒衆星爲然也，凡諸天莫不同之也，相乘相生，而無有止絕者也。

六、不忍篇

天地生于無極〔一〕之中，至渺小也。人生于天地之中，又渺小之至也。以爲身則七尺，以爲時〔二〕則數十年，而又疾病困之，境遇限之，少嬉老衰，蝕之蠹之，中間有爲之日亦幾矣。極其大者言之，我所以爲千萬年者，不有以爲頃刻者乎？自其小者言之，我所以爲頃刻者，不有以爲千萬年者乎？極其功業之大，不過數千里；極其名聲之遠，不過三千年，置于無極之中何如乎？然苦身焦思而爲之，未易至

〔一〕「無極」原作「世極」，據清議報載文及下文「置于無極之中何如乎」文意改正。李本兩處均作「世極」。
〔二〕「時」，李本作「才」。

也，則亦何取乎〔一〕？故夫吾之爲我〔二〕，已將喪其我也，而何名聲之垂乎？既無名之可動，而何名之可好乎？吾忘吾矣，不知所爲，而何功業之昭乎？吾以功業名聲之及于萬里千年者，猶不及分寸耳，頃刻之間耳也，而何足羨乎？誠如是，則吾何所學也？曰：盡予心之不忍，率吾性之不舍者爲之，非有所慕于外也，亦非有所變於中也。前乎我者數千年之治教，吾辨考而求之，存其是非得失焉；後乎我者數千年之治教，吾揣測而量之，聽其是非得失焉。夫非有所爲已，心好之而已，亦氣質近之爾。若使余氣質不近是，則或絶人事，入深山，吾何戀乎哉？吾故以人道歸之氣質也。

凡爲〔三〕血氣之倫必有欲，有欲則莫不縱之，若無欲則惟死耳。最無欲者佛，縱其保守靈魂之欲；最無欲者聖人，縱其仁義之欲。我則何爲哉？我有血氣，于是有覺知，而有不忍人之心焉。以匹夫之力，旦夕之年，其爲不忍之心幾何哉？余固知此哉！無如有不忍人之氣，有不忍人之欲，只知所就有限，姑亦縱之。小則一家，遠則一國，大則地球，其爲不忍人之效幾何哉？余故知之！無如不能制斷不忍人之欲，亦姑縱之。竭吾力之所能爲，順吾性之所得爲而已。若能如佛降伏其心，視欲如毒蛇、猛虎、大火、怨賊，能力挫之，則吾亦不參預人事矣。其如不能何？則姑縱之已耳。故夫制之者血氣也；縱之者血氣也。

〔一〕「何取乎」，李本作「何所取乎」。
〔二〕此「我」字，及下句「喪其我」之「我」，李本均作「吾」。
〔三〕「爲」，李本作「有」。

康子燕居，目若營，神若凝，心若思，眉間蹙蹙，常若有憂者。或問之曰：人生不易，佳日難逢，行樂無荒，以逸厭生，如何出囚以自戕賊也？曰：予非不樂生也。予出而偶有見焉，父子而不相養也，兄弟而不相恤也，窮民終歲勤動而無以爲衣食也，僻鄉之中，老翁無衣，孺子無裳，牛宮馬磨，蓬首垢面，服勤至死，而曾不飽糠覈也。彼豈非與我爲天生之人哉？而觀其生，曾牛馬之不若，予哀其同爲人而至斯極也。以爲天之故阨斯人耶〔一〕？非然，得無政事有未修，地利有未闢，教化有未至，而使然耶？斯亦爲民上者之過也。使人人皆得樂其生，遂其欲，給其求，則余之好樂，將荒于人萬萬矣，雖日歌舞，豈所惡哉？若坐視其兄弟顛連困苦，睊睊側目，而己方縱逸焉，亦何樂之有？或曰：子不好流連于風月之夜，徘徊于林泉之勝，懌愉〔二〕于聲色之觀乎？曰：然。乃詠曰：沈飲聊自遣，放歌始愁絕。或人悕然而退。

七、知言篇

凡文字之美惡，不易知也。各有其心術之本，不可不察也。有以高簡爲文者，夫文豈高簡之謂哉？有以詳贍爲文者，夫文豈詳贍之謂哉？凡人有忠愛之心纏綿于中，其發于言也，必諄諄繁複，重碎疊疊，其不可已也。有裁制之心蘊結于中，其發于言也，必嚴簡短樸，剪截剛斷，其有節也。此發于心

〔一〕「以爲」，李本作「以韶」，「耶」作「故」。

〔二〕「懌愉」，李本作「旖旎」。

形于外者也，不可强爲也。忠臣之告君，慈父之誨子，良吏之教民，若是者，豈能自已哉？英主之發詔，猛將之下令，直史之載筆，若是者，豈能使之繁複也？此仁義有所厚也。以六藝言之，詩、書、樂者，仁之發也，故有長言依永之神，詠歎舞蹈之節。「參差荇菜」凡三言，「采采芣苢」凡六詠，皆愛樂之意也。「清廟」之瑟，一唱三嘆，亦樂之也。離騷之文，重之亂之；出師之表，諄之復之，纏綿而莫解于懷也。寡婦之夜哭，如往而復，愛慕之深也。若夫春秋之筆，記禮之文，嚴重莊簡，無言外之詠歎，立制裁法，尚節度義之類也。佛典之言，必爲重複，如智則言智慧，勇則言勇猛，清則言清淨，惱則言煩惱，慈則言慈悲，安則言安穩，其餘皆是，不可枚舉。昔嘗疑之，徐味其文，率皆繁而不厭，複而不竭，疊而不止，意本小而言甚多。何也？嗟乎！此佛之能仁也。若無悲憫之心，使强而爲繁重之言，安可得哉？推之泰西文字，亦尚詳贅，恐人不解。

八、濕熱篇

天地之理，陰陽而已。其發于氣，陽爲濕熱，陰爲乾冷。濕熱則生發，乾冷則枯槁，二者循環相乘，無有終極也。無以名之，名之陰陽也。于無極，無無極之始，有濕熱之氣鬱蒸而爲天。諸天皆得此濕熱之氣，展轉而相生焉。近天得濕熱之氣，乃生諸日，日得濕熱之氣〔一〕，乃生諸地，地得濕熱之氣，蒸鬱而草木生焉，而禽獸生焉，已而人類生焉。人得濕熱之氣，上養其腦，下養其心。濕則仁愛生，熱則

〔一〕此句清議報載文作「乃生諸日月，得濕熱之氣」，李本以爲當重「日月」二字，作「乃生諸日月，日月得濕熱之氣」。

智勇出。積仁愛智勇而有宮室飲食衣服以養其身；積仁愛智勇而有禮樂政教倫理以成其治。五帝三王，猶濕熱而選者也。

自四州之祖，莫不同也。然而濕熱之善，則爲仁愛智勇；濕熱之惡〔一〕，則爲貪佞，爲柔懦。熱之惡，則爲强梁，爲狠戾，爲多欲，人（蔣按：此字似多餘）爲忌疾，爲浮縱。于是争奪相生，尚人以色，加人以勢，暴虐驕慢而亂興焉。聖人知此，故務温良恭儉，撙節退讓，崇禮尚義，講信修睦，以平其氣而制其行。佛氏知此，故務持戒絶欲，清淨能忍，以平其氣而伏其心。夫所謂温良恭儉，撙節退讓，講信修睦，皆乾冷之道也。持戒絶欲，清淨能忍，乾冷之至也。夫濕熱者，天地之正氣也，人皆有之，不可絶也。然縱極之而無度量分界，則所傷實多，不可行于人，不能道也。夫乾冷非人道也，然以濟濕熱之病，則材適得其宜，而病得愈焉。聖人知其然也，故常任濕熱之自然，而時以乾冷爲之節，此聖人之道也。不明乎陰陽者，何足與也。

九、覺識篇

凡人度量之相越，豈不遠哉！其相遠之故，習半之，學半之。以其習學之殊，而覺識殊矣。夫與野人言論之異，此習爲之也。學人與常人器抱〔二〕之異，此識爲之也。故有僅愛其一身者，其識周于一身

〔一〕清議報載文此句作「濕之惡」，無「熱」字。
〔二〕「器抱」，李本作「氣抱」。

者也；有愛一家者，其識又周于一家者也；有推而愛其鄉族者，其識稍大矣；又有推其愛而及于邦邑者，識益大矣；其以天下爲一家，中國爲一人，血氣相通，痛癢相知，其覺識益大，其愛想之周者益遠，堯、舜、禹、湯、周、孔、墨是其人矣。視其愛一身者亦遠矣，其實不遠也，其識之殊也。今有人焉，一涉想而周于天下〔一〕焉，凡天之內，其想所及，卽其愛所及，非鶩遠也。彼以爲我四支百體之近而小也，特其尺寸大小之殊。夫形影尺寸大小何常也？瞽者無預于邱山之觀，短視者逾尋丈不辨人與木石，告以前有險石橫蛇，則瑟然驚；誑以前有美人遺金，則欣然喜。常人見十餘里而不能辨，若擴之以千里顯微之鏡〔二〕，則赤蟻若巨象；引之以千里之鏡，則日星辨其環暈光點焉。夫學者猶之鏡耳，今顯微千里之鏡盛行，告以〔三〕赤蟻若象，日星有環暈光點，則人信之，以鏡易驗也。學者告人吾以天天爲家，以地地爲身，以人類爲吾百體，吾愛之周之，血氣通焉，痛癢覺焉，人必以爲誇誕大謾不之信，雖使舜、禹、仲尼證之，疑信半參焉，以學難驗也。夫千人帳、萬斛船至易小也，而南人北人交疑之。地體渾圓之說，出于周髀周公問，而阮元不信對足底行之說，今則蒙子知之。道咸以前告人以有線焉頃刻傳□乎千萬里，有器焉頃刻傳言于數百年，雖有巨學，必嗤焉笑之，今則負床之孫，見而玩焉。紀昀之博，以艾儒略〔四〕

〔一〕「天下」，李本作「天之內」。
〔二〕「千里顯微之鏡」，李本作「千倍顯微之鏡」。
〔三〕「告以」，李本作「告人以」。
〔四〕「艾儒略」，李本作「括地略」。

五洲萬國之説爲瑶臺閬苑之類，今則游販之子，足至而手畫之。蓋安于所習〔一〕，蔽于其識，其不信固也，雖使堯、禹〔二〕爲保人，孔墨爲證人，家説而户曉之，安能解哉〔三〕？故吾之言天下，家人婦子之言也，而聞者必撟舌驚，侈口笑，而河漢之，吾安能喻之哉？

八股之文，八韻之詩，竊甲第，祭酒于鄉，此曲巷陋儒之尊大也。及游大師之門，馳都會之觀，披四庫之説略，聞九流之餘論〔四〕，于經則有訓詁、聲音、名物、義理之門，其巨子曰胡、閻、惠、戴、段五氏奔走焉；于史則有掌故、考據、地理、議論之户，其巨子曰萬、錢、王、趙、張、何乞丐焉；破碎而無統紀，繁巨而不關要，著之副墨，譁之京邑，軨才諷説者榜之颺之，京邑文儒之尊大也。老師魁學，舊輩宿齒，通義理之科，講經緯之條，天算金石，異域新學，兼綜並貫，樹論説，立德行，編閲天下之才，老于當世之事，此大人魁儒之尊大也。若是者，求之古者之未曾有，好尚無統紀，立學無根蔕，建門無堂壁，經國無端緒，而況與論天人之事？

今有道焉，渺造化之迹，通神明之數，氣天寅合，變動形化，四通六闢，其運無乎不貫。其粗迹爲君師之事，該本末，洽道數，生生之倫，拔幽曶而文明，昭千萬祀而若揭，未嘗爲虚而寄體，造物忘乎聖通，其孰能與于斯？自仲尼之後，分其體，率其性，卷舒開合，若者其有意乎？語鄉祭酒以此，其何異語冰

〔一〕「所習」，李本作「故習」。
〔二〕「堯、禹」，李本作「堯、舜」。
〔三〕「安能解哉」，李本作「安能信哉」。
〔四〕李本「披」作「搜」，「聞」作「問」。

山之冰人，火山之火鷄，太平洋之島山忽出，其疑而諛之固宜。欲其喻之〔一〕，亦必其嘗一引鏡焉。

十、人我篇

學不外二端，爲我、兼愛而已。易曰：「立人之道，曰仁與義」。董子曰：「仁者，人也。義者，我也」。是則兼愛者，仁之極也。爲我者，義之極也。或曰：義者事之宜，非有輕重於人我也。然理財、正辭、禁民爲非，皆有斂制之意。如先王之制，尊君卑臣，重男輕女；春秋書公爲薨，而諸侯曰卒，尊中國而外四夷，凡此皆義也，然皆爲我也。故仁主敷施，就人而言；義主裁制，爲我而言。仁有放之意，義有斂之意。放者，陽也；斂者，陰也。仁者，熱力也；義者，重力也。天下不能出此二者。總言之曰：立氣之道，曰陰與陽，曰熱與重；立人之道，曰仁與義。中國之聖人以義率仁，外國之聖人以仁率義。

兼愛無弊，既愛我，又愛人，老吾老以及人之老，幼吾幼以及人之幼，愛何弊焉？爲我有四：一爲我之質，衆人是也；一爲我之名，賢人是也；一爲我之體，道人是也；一爲我之魂，佛學是也。四者各隨其性之所近，惟衆人爲形質則有欲，斯亦天之所予，無可禁也。故雖聖人，不能無聲色之奉，宮室衣服之設，窮華極麗，以文其體，以事其身。然而不得肆者，則天有限焉，人有制焉。限於天者，瘖聾跛瞽斷懦三，體殘憂成之境也。制於人者，地域遠近，勢位强弱之際也。聖人知欲之本於天也，故爲宮室、衣服、禮樂、妻妾、器物以事之。又慮其縱於人也，故爲之制度品節、訓誨砥礪以束之。故夫人也，爲我之質

〔一〕「欲其喻之」上，李本有「然而」二字。

者，爲其所以爲，無爲其所不爲，斯已矣。雖然，人之欲無窮，縱之性無限，是故聖人裁爲禮者以節之，使一人於禮之中，以制其肌膚而束其筋焉。其出於禮者，則爲刑以檢柙之，俾有所畏而勿縱焉。爲之師保以導之，設之朋友以摩之，立之官司以糾之，造作語言以誘之，廣設名譽以動之，明其醜惡而禁之，普爲風俗以一之，皆不知變，然後加之刑罰以懲之，聖人兼愛之心，於是極矣。故夫聖君在上，賢臣在下，自比閭族黨之士至於公卿大夫，莫非聞道守禮者。化及下民，蒸蒸乂矣，然此皆治下者也。若夫君民者，猶當變氣質之偏，絕嗜欲之原，胼手胝足而不爲勞，監虜之辱、隸圜之服而不爲苦。日思所以優民之形，逸民之生，與其臣相與講求之。爲之臣者，兼愛之心可以少寬，而奉形之事少加焉，逮賤而逮加焉。故凡得尊位者，擧以爲民者，非以爲體也。人無樂於爲君，惟無欲而有愛民之心者〔一〕。身率之道至，而爭亂之道泯矣。今天下所以亂者，豈非君上縱欲？以一人縱於萬民之上者，民悁悁然側目視之，久則憤起而不可遏，將欲禁其亂，安可乎？故夫百姓侵其上，臣僚奪其君。匹夫可以揭竿而謀富貴，夫亦君上縱欲有以啓其亂萌也。是故嚴刑不能懲，重律不能警，歷聖之經不足法，諸儒之訓不足承，成黨縱欲，得以自私。嗚呼！故曰：兼愛者宜於爲君者也，爲我者宜於爲民者也。爲我之形質者，宜於爲民者也；爲我之名與魂者，宜乎爲君師也。非有所偏也，爲其有所重而弊也。

中國之俗，尊君卑臣，重男輕女，崇良抑賤，所謂義也。然六朝忠臣無盡節者，而九變則不齒清議；

〔一〕此句李本作：「人無〔不〕樂於爲君，惟無欲而有愛民之心者宜爲之者」。

明末諸生婦孺乞丐有殉者〔一〕，而居喪則大夫學士飲食處內無譏議焉。男子得有數十之姬妾，而婦人不得有二夫。及其久也，相與恥之，守寡不已，則有守清，守清不已，則有代清者，余鄉比比皆然。余周旋於鄉黨中，目幾未見再嫁婦人者，雖三代之盛無此已。習俗既定以爲義理，至於今日，臣下跪服畏威而不敢言，婦人卑抑不學而無所識，臣婦之道，抑之極矣，此恐非義理之至也，亦風氣使然耳。物理抑之甚者必伸，吾謂百年之後必變三者：君不專，臣不卑，男女輕重同，良賤齊一。嗚呼！是佛氏平等之學矣。朱子謂：「天地之性，專以理言，氣之性雜理氣言之」。「未有此氣，性却常在，氣有不存而性却常在。雖其方在氣中，然氣自氣，性自性，不相雜」。此論性理與佛之言精魂同，不知理與性皆是人理人性，未受氣以前，何所謂性理耶？此過尊之而不得其實者也。謂孟子言善，是剔出性之本。夫孟子言其性可爲善，正言其末，何嘗言本耶？即天命之謂性，亦是舍不得氣言也。

十一、仁智篇

物皆有仁義禮，非獨人也。烏之反哺，羊之跪乳，仁也，卽牛馬之大，未嘗噬人，亦仁也；鹿之相呼，蟻之行列，禮也；犬之衞主，義也。惟無智，故安於禽獸耳。人惟有智，能造作飲食宮室衣服，飾之以禮樂政事文章，條之以倫常，精之以義理，皆智來也。苟使〔二〕禽獸有智，彼亦能造作宮室飲食衣服，飾之

〔一〕「殉者」，李本作「殉國者」。
〔二〕「苟使」，李本作「苟問使」。

以倫常政事禮樂文章，彼亦自有其義理矣。故惟智能生萬理。或謂仁統四端，兼萬善，非也。吾昔亦謂仁統義禮智信，與朱子言「義者仁之斷制，禮者仁之節文，信者仁之誠實，智者仁之分別」同。既乃知人道之異於禽獸者全在智，惟其智者，故能慈愛以爲仁，斷制以爲義，節文以爲禮，誠實以爲信。夫約以人而言，有智而後仁義禮信有所呈，而義禮信智以之所爲亦以成其仁，故仁與智所以成終成始者也。昔夫子鮮以仁義對舉，多以仁智對舉。曰：「仁者樂山，知者樂水」。「知者樂，仁者壽」。「知者動，仁者靜」〔一〕。又曰：「仁者不憂，知者不惑」。又子貢曰：「仁且智，夫子既智矣」。始皆重仁智也。且上古之時，羣生愚蒙，開物成務，以智爲仁，其重在智；中古之後，禮文既聞持守，先以仁爲智，其重在仁；此夫子所以誨學者以求仁也，此非後儒之所知也。就一人之本然而論之，則智其體，仁其用也。就人人之當然而論之，則仁其體，智其用也。

朱子謂：「欲議仁，須合禮義智看之，始同」。甚精。

人道以智爲導，以仁爲歸，故人宜以仁爲主，智以輔之。主輔既立，百官自舉，義禮〔二〕與信，自相隨而未能已，故義禮信不能與仁智比也。荀子曰：「人主仁心設焉，智其役也」。

仁智，有定者也。義禮信，無定者也。

仁者，天地凡人類之同也。信者，彼此通行不能失者也。惟或重在義，或重在禮，或重在智，不同

〔一〕此句下李本多「又曰：『仁者安仁，智者利仁』」一句。
〔二〕「義禮」原作「義理」，據李本及文意改。

耳。上古之時，智爲重，三代之世禮爲重，秦漢至今義爲重，後此之世智爲重。所重孰是？曰智爲上，禮次之，義爲下。何也？曰仁者，愛之智也，愛之斯安之矣。前聖開物成務，制器尚象，利物前民，又以爲不足，精其飲饌，美其衣服，飾其宮室，華以禮樂，晝夜竭其耳目心思以爲便民，仁之至也，故智爲上。至於中古，謂吾之所以便民者至矣，雖加之智，其能使天下之民普富貴安逸耶？吾專事禮，使天下人養生送死，日從事於此，以畢其取，足矣。當是之時，民惟禮之務，小斂之奠東西方，裘之裼襲，斤斤焉講求之以自尊足，故曰禮爲次。秦漢以後，既不獨智以爲養，又不範禮以爲教，時君世主，以政刑爲治，均自尊大，以便其私，天下學士大夫相與樹立一義其上者，砥節行，講義理，以虛言扶名義而已，民生之用益寡矣，故曰義爲下。

十二、勢祖篇

人事之義，强弱而已矣。有以力爲强弱，有以智爲强弱。富貴貧賤之相役，大小上下之相制，衆寡健羸之相乘，斯所謂以力爲强弱也。仲虺之誥曰：「兼弱攻昧，取亂侮亡」。康誥曰：「四征不庭」。何義之有哉？以强制弱而已。宋祖謂：「卧榻之側，豈容他人鼾睡？」私哉斯言！知有己而不知有人，徇利而忘義，恃强而欺弱。嗚呼！然此亦安足詫哉？人之食雞犬，馭牛馬，强凌弱而已。何也？人之智强而牛馬雞犬之智弱也。使牛馬雞犬之智强，人且稱臣、稱父、稱祖孫、稱伯姪矣，豈止爭獻納、定和約而已哉？如虎狼之食人，以强凌人，由是道也，非不仁也。故曰：勢生理，理生道，道生義，義生禮。勢者，人事之祖，而禮最其曾玄也。聖人之言，非必義理之至也，在矯世弊，期於有益而已。故至人對衆人之言，不能盡誠也。

十三、地勢篇

中國之學，義學也。學也，自尊君卑臣，重男輕女，分良別賤，尊中國而稱夷狄，皆是也，諸聖人所傳如此。雖然，非聖人能爲之也，天爲之也。天之營中國也，自崑崙發脈以來，地勢東趨，江河東流，北自天山分脈，南行爲祁連、太行，東走醫無閭門，繞而爲泰山。南聚自岷山、川、黔、閩、粵，而環抱於江浙。前則高麗、日本橫爲案焉，後則藏地重嶺作護。雅魯藏布江分印度、中國之界，龍沙江、檳榔江匯爲潞江爲一重，瀾滄爲第二重，鴉礱、金沙爲三重，皆萬數千里，橫亘南北，獨流無支，在川藏千里內，橫水橫嶺，重重護之，崇山樹其域，大海面其前，逼隘褊促於數千里間，欲稍舒張而無地矣。大川以界大塞，五嶺以界閩粵，其山水之向，已有不同，故久而後得之。若滇南、交趾則淪於邊夷爲多，其地間於藏江及潞江、瀾滄江之間，非盡源於中國，故其君屬於中國、印度之間，其師在儒佛之深。朝鮮則小同，出水不同，故能隸屬之，而不能得爲內地。若日本、暹邏及南洋諸國，則不過稟氣於崑崙，絕非中國山川之支屬，但以中國爲東地之宗主，故來相朝宗，時奉其教而已。大漠以外，山川皆爲北龍，故國亦不能復之。

故曰：非聖人能爲之也，天也。以環境皆山，氣無自出，故孔子之教，未嘗遠行。數千年未聞有如佛之高僧，耶穌之神父，投身傳教於異域者，蓋地勢使然。人民感其氣而生，無以易之也。惟日本、高麗困我孔子之教者，以日本爲天山、金山之餘氣。出既復矣，氣既薄矣，不能復生聖人，而江河二川，長流東駛，有飛渡之勢，水流所趨，染蕩自致，此日本所以困中學也。若印度則爲崑崙中龍，故能自出聖人，造爲文學政教。川原平衍八千里，故使其教多仁而平等也。中國地域有截，故古今常一統，小分而旋合焉。印度、泰西山川極散，氣不團聚，故古今常爲列國，卽偶成一統，未幾而散爲列國焉。其師之教亦祀佛之說，而以平等爲教，亦以地氣爲之也。夫斂者、聚者、義者，皆引而入內之意也；散者、闢者、仁者，皆蕩而出外之意。故二帝、三王、孔子之教，不能出中國，而佛氏、耶穌、泰西而能肆行於地球也。皆非聖人所能爲也，氣爲之也，天也。

昔嘗思西藏、印度與我疆域逾隔不遠，而佛法能東來，而儒教不能西行者，何哉？蓋印度之爲國向南，襟帶南海，海水東流，故能至中國也。中國之山川，皆奔趨向東，無一向西者，故儒教大行於日本，而無一字飛出於印度，蓋亦山川爲之也。

馬哈墨何以能立教也？蓋崑崙西龍，阿母河水西流，山川隨之，爲一大都會焉。此所以自有君師，能成一局也。

歐洲山川之散極矣。地中海角，四方之向，其山亦然，此所以伊古以來諸國並立也。亞非利阿在其南，印度海西流阻於是焉。此泰西之學所由出於印度也。地中海之水，怒而欲出于海，近者里希勃斯開蘇夷士河，地中海水瀉而東來，泰西之政教盛行於亞洲必矣。亞墨利加洲山川面向於東，有朝宗歐洲之意，此歐洲之教政所以操柄風行於美洲也。若是者，亦非人爲之也，天也。

十四、理氣篇

夫天之始，吾不得而知也。若積氣而成爲天，摩勵之久，熱重之力生矣，光電生矣，原質變化而成焉，於是生日，日生地，地生物。物質有相生之性，在於人則曰仁；充其力所能至，有限制矣，在於人則曰義。人道爭則不能相處，欺則不能相行，於是有信形，爲仁之後，有禮與信矣。而所以有此四者，皆由於智。人之有大腦小腦也，腦氣筋之有靈也，差不知其然也。天地之氣，存於庶物，人能採物之美者而服食之，始尚愚也同，一二聖人少補其靈明而智生矣。合萬億人之腦而智日生，合億萬世之人之腦，而智日益生，於是理出焉。若夫〔一〕今人於野番，其爲愚，亦與禽獸無幾何，雖智且不能言，而何有於萬物哉？故理者，諸聖人所積爲也。自羲、軒、神農以來，中國於是有智；歐洲自亞當、衣非以來，於是有智。雖阿墨利加洲、墨西哥、秘魯之先，亦有禮樂文章宮室輿服之盛，特其後亡之耳。此外，無聖人者，則顓〔二〕蒙日見矣。故上此之聖人者，其神識之聰明者也；中此之聖人者，其質氣之清粹也。神識聰明，故足以開物成務；氣質清粹，故足以修道立教。若夫言命言性，仍當就氣質而言，孟子所謂「性也有命，命也有性」，深知之矣。其云性善，不過引人進過之詞。孟子嘗曰：「乃若其情，可以爲善」，豈謂性

〔一〕「若夫」上李本有一「可」字，注云：「『何』之誤」。

〔二〕「顓」，李本作「類」。

之本然爲哉？孟子嘗曰：「不以辭害意，以意逆志，是謂得之」。自後儒不善讀孟子，而論性之説紛紛矣。張子謂「形而後有氣質之性」，蓋同謂焉。蓋繼道爲善，必天生而爲性，而後成之，若未有人，謂何實焉。

呂覽曰：「天使人有欲，人弗得節，天使人有惡，人弗得不除」。欲與惡所受於天也。若天地則光電熱重相摩相化而已，何所謂理哉？昔宋太祖問趙普：「何物爲大？」普曰：「道爲大。」程、朱遂以太極之道有一謂在，此皆不知而好爲高論之説也。夫有人形而後有智，有智而後有理。理者，人之所立。賈誼謂立君臣尊上下，此非天之所爲，乃人之所設。故理者，人理也。若耳目百體，血氣心知，天所先與。嬰兒無知已有欲焉，無與人事也。故欲者，天也。程子謂天理是體認出，此不知道之言也，蓋天欲而人理也。

十五、肇域篇

印度自佛學盛後，其文顥顥，愚冥不知古昔。近見西人偉烈亞力稱歐幾里得、亞奇默德皆生當周時，算術已精深如是，然自謂不解十進之數。其學傳自印度，印度於十進之學則大明，無所不該也。凡算學大明，必其政事大修，文物大盛之際。由斯而言，印度文物蓋嘗大盛矣。觀內典所言，合掌恭敬，偏袒膜拜，是其禮也。樓閣幡幢，塔座瓔珞，華鬘七寶，是其雜器也。其富盛殆不亞歐洲矣。遺教經曰：「我滅度後，汝曹不得推步盈虛、歷算計數」。夫有無相生，虛實相用，物之理也。盛極而後，佛學出焉，陰陽互長之根也。故人民之先，未有不君師合一，以行其政教如中國者也。事勢既極，而後師以異義稱尊，離於帝王之以爲教焉。後起者如耶穌之於歐洲亦是也。昔疑耶穌何能於羅馬立教，觀於佛氏之立而釋然也。中國陸王之學，離政教而言心亦是也。

以地球論之，政教文物之盛，殆莫先於印度矣。印度枕崑崙，中引一脈，敷散平原，周闊萬里。歐洲及亞非利加爲左翼，中國及南洋諸島爲右翼。印度居中，於崑崙爲最近，得地氣爲最先，宜其先盛也。至於佛，蓋其末法矣。中國在崑崙山爲東龍，先聚氣於中原，自漢以後，然後跨江以至閩粵，跨海以至日本，蓋地球之運，固如是也。波斯、猶太於崑崙爲西龍，故其文物次於中國。歐洲最遠，故最遲，至羅馬而乃盛也。印度政教最先，無疑也。

就西人所引，文學政教多得於印度者，以算法言，得於印度。然則其以借根爲東來法，所謂東，即印度也。印度有塔，經文多稱廔閣。西人之室，多爲樓塔，然則樓塔出自印度也。歐人文學〔一〕左行，以音成字，與印度同。所謂我家聞根教，清淨在音聞，則文學出自印度也。西人禮拜，牧師、神父以不娶行教，稱師歷而不稱君歷，出自佛教也。蓋佛教不娶，人無妻子，則無所累，然後輕萬里，重九譯，以行其教。故其教丕冒，最遠幾於舟車所至，人力所通，無不行矣。達摩挾衣鉢而東來，利瑪竇挾圖〔二〕器而西至，隋通日本，唐使新羅，咸賴僧人以通國事，其效固然矣。

〔一〕「文學」李本作「文字」，下「則文學出自印度也」句中「文學」亦作「文字」。

〔二〕「圖」原作「國」，據李本及文意改。

以政教文物爲莫先於印度，未敢知也。墨西哥、秘魯近掘得前世城郭殿宇文字，其無人通之，蓋已經一劫矣。科侖布未至之先，已成狉榛世界，然則又先於印度矣。觀其文字，有鳥篆之遺，殿宇有中土之製，當時文物必經累聖制作而成。豈知昔所號稱君相者、聖人者、禮樂政樂〔一〕者、文字者，一舉並滅，人民冥冥，至不知舟楫，哀哉！然則滅國爲小，滅教爲大；滅教爲小，滅民類爲尤大。然則中國累聖之政教文字，其又可恃以萬世耶？印度中弱於漢，羅馬中弱於唐。民皆自智而遇近，（蔣按：疑「愈進」之誤）雖日智又可恃耶？陽極則陰生，至哉易理！周流六虛，莫出範圍矣。

墨西哥當有文字政教之時，不知當中國何世？想必在五千年前羲農以上世矣。何以見之？以地球論之，今日崑崙是爲地頂，亞歐二洲，占地獨多。當日墨西哥、秘魯盛時，其洲地必廣大，造地運過矣，田爲滄海，故今日爲太平海。陷於彼而突於崑崙之盛，亞墨之消也。故墨西哥、秘魯政教必先於印度也。

地球人民之盛，視其繞日之遠近。當其始，與日甚近，則熱太甚，人不能當之，惟有大草大木盛焉，西人諗石質層，謂地下之煤爲大木所化是也。繞日漸遠，大禽大獸出焉，西伯利部有巨獸骨是也。若夫人類之生，亦視地球之向日。昔者蒙古以至西伯利，道當赤道溫帶時，政教文物必嘗一盛矣。昔亦云金、水星近日，當有草木鳥獸，不當有人類。火星行亦遠矣，人物亦當衰（原文不明，疑爲此字）。此

〔一〕「政樂」李云：疑爲「政教」之誤。

說似也，然烏知彼星人類不多含熱質或冷質，又能生乎？若海王星者，離日甚遠，望日若第六、七恆星，其光甚微，其熱甚少，或難生人類矣。若乾冷至極，不止無人類，殆草木禽獸俱無，其僅有苔乎？

實理公法全書

一、凡例

一凡天下之大，不外義理制度兩端。義理者何？曰實理，曰公理，曰私理是也。制度者何？曰公法，曰比例之公法私法是也。實理明則公法定，間有不能定者，則以有益於人道者爲斷，然二者均合衆人之見定之。

一是書於凡可用實測之理而與制度無關者仍不録，理涉渺茫，無從實測者更不録。

一是書於地球上諸教所有制度，其非大背實理者，必盡輯無遺。雖顯背實理，而地球上之人猶有行用者，亦盡輯無遺，必既背實理，又無復有行用之人者，始不登録。其兩教相同之制度，則按語中亦詳言之，此外更參以新得之公法及比例之法。凡一門制度，必取其出自幾何公理，及最有益于人道者爲公法，其餘則皆作比例，然亦分別比例之次第焉。其難易分別之處，要能合衆深明公法之人議定之。

一凡有憑空擬出一法，欲行則殊不可行者，雖不過欲置爲比例之末，仍不收焉。必雖仍在可行之例者，此書乃修。

一此書必分二部爲〔一〕之，一用文言，一用俗語。評論義理，當以俗論定，乃更譯成文書〔二〕。

一每次重修此書之時，諸凡畫押之人，整齊萬身公法書籍一段所載，必先加議論，然後畫押者，其議論若無精語，則不并刻于書中。

一凡所言實理，每事須先立引説一條，然後以按語將其實理詳言之。

一凡所言公法及比例之法，每法皆須以數語撮舉其〔三〕要。先立一目，然後以按語詳言之，且以按語詳論之。立目均以今人修書者之語，不得用古語，其古教經典有關制度之言，則以按語備引之。

二、實字解

有實測之實。格致家所考明之實理是也。

有實論之實。如古時某教如何教人，則人之受教者如何；某國如何立法，則人之受治者如何。其功效高下，皆可列爲表，而實考之。惟此實論之法，愈今則愈妙，因今之惟恐其不今者。如今日地球上某教士用某法教人，則人樂從，且可獲益若何；某國新用某法，則某等案件每年少若干，民間獲益若何。

〔一〕「爲」字，一作「寫」。

〔二〕「書」字，一作「言」。

〔三〕「其」字，一作「大」。

因其功效，可以定其法之得失，而等第之。凡書中論事皆準此。雖其他所謂實論者尚多，然總不得虛論空論。

有虛實之實。如出自幾何公理之法則，其理較實；出自人立之法則，其理較虛。又幾何公理所出之法，稱爲必然之實，亦稱爲永遠之實。人立之法，稱爲兩可之實。

三、公字解

有公衆之公。如此書乃公衆之書是也，以其非一人之書也。雖言必有一人言之，然既入此書即提挈歸公是也。書中編輯古今之言論，皆不計其爲何人之言，是取彼之言以提挈歸公也。

有幾何公理之公。一、二、四、八、十六、三十二是也，所謂一定之法也。從幾何公理所推出一定之法，乃公法之一端，蓋幾何公理所出之法甚少，不足於用，此所以不能無人立之法。有時轉推人立之法爲公法，而抑幾何公理所出之法爲比例，此則或因救時起見，總期有益人道也。

有公推之公。蓋天下之制度，多有幾何公理所不能逮。無幾何公理所出之法，而必憑人立之法者，本無一定，則惟推一最有益於人道者，以爲公法而已。然衆共推之，故謂爲公推也。

四、總論人類門

實理引說四條，尚未加按語。全書中所有實理引說，均未加按語者。

人各合〔一〕天地原質以爲人。

人各具一魂，故有知識，所謂智也。然靈魂之性，各各不同。

人之始生，便具愛惡二質。及其長也，與人相接時，發其愛質，則必有益於人。發其惡質，則必有損於人。又愛惡只能相生，不能兩用。

人之始生，有信而無詐，詐由習染而有。

公法此門正目極多，亦無不可。今得正目六條，比例之目亦六條。

人有自主之權。

按，此爲幾何公理所出之法，與人各分原質以爲人，及各具一魂之實理全合，最有益於人道。

以平等之意，用人立之法。

按，人類平等是幾何公理。但人立之法，萬不能用，惟以平等之意，用之可矣。

以互相逆制立法，凡地球古今之人，無一人不在互相逆制之內。

按，此爲幾何公理所出之法，最有益於人道。

以與愛去惡立法。

按，此人立之法，然最有益於人道。

重賞信罰詐之法。

〔一〕「合」字，一作「分」，是。

按，此幾何公理所出之法，與人道之始生，有信無詐實理全合，最有益於人道。

制度咸定于一，如公議以某法爲公法，改公共行用，則不許有私自行用諸比例之法者。

按，此幾何公理所出之法，最有益於人道。

比例 人不盡有自主之權。

按，此不合幾何公理。

比例 以差等之意，用人立之法。

按，此於幾何公理之本源既失，則其所用諸凡人立之法，亦必解〔一〕精者。

比例 以一順一逆立法，凡使地球古今之人，有彼能逆制人，而人不能逆制彼者。

按，如此則必有擅權勢而作威福者，居於其下，爲其所逆制之人必苦矣。

比例 所立之法，不盡能與愛去惡。

按，如此則人道困苦。

比例 賞信罰詐之法有未善處。

按，此是立法之不精。

比例 制度不定於一。

按，此是因人立之法有所阻撓，故世運不能極盛，不能與幾何公理相應。

〔一〕「解」字，一作「鮮」，是。

五、夫婦門

實理引說二條

今醫學家已考明凡終身一夫一婦，與一夫屢易數婦，一婦屢易數夫，實無所分別。

凡魂之與魂最難久合，相處既久，則相愛之性多變。

公法

凡男女如係兩相愛悅者，則聽其自便，惟不許有立約之事。倘有分毫不相愛悅，卽無庸相聚。其有愛惡相攻，則科犯罪者以法焉。

按，此乃幾何公理所出之法。蓋天既生一男一女，則人道便當有男女之事。既兩相愛悅，理宜任其有自主之權，幾何公理至此而止。若夫立約則是增以人立之法，非幾何公理所固有者。惟卽以不立法爲立法，斯爲幾何公理所出之法也。

按，此法當多設醫局以佐之，嚴限每人或三日或五日卽赴醫局察驗一次以聞。症筒驗其血管有虧損否，虧損若干，卽其戒節色欲若干日。其有過於虧損者，則勒令其暫住數天，略以藥物調養，如此則民無天札之患矣。然醫局之宜多設，豈徒用此法惟然哉？後世醫士之業必盛，可預決之，以其能窮究最切近之理也。

比例

凡男女相悅者則立約以三月爲期，期滿之後，任其更與他人立約。若原人欲再立約，則須暫停三月，乃許再立。亦許其屢次立約，至於終身。其有數人同時欲合立一約者，詢明果係各相愛悅，則許之，或仍不許。

按，此於幾何公理而外增以人立之法者。然人立之法，此爲最精矣。

比例 凡男女立約久暫，聽其自便。約滿則可更與他人立約，亦可再與原人換約，其有數人同時欲合立一約者，詢明果各相愛悅，則許之，或仍不許。

按，此亦人立之法，然又不如上法之精矣。

比例 凡男女立約，必立終身之約，又有故乃許離異。又一人不得與二人立約，男女各有自主之權。

按，此亦人立之法，其不合實理，無益於人道，更不及以上諸法。

按，西曆一千八百九十一年巴黎版籍所列，是年法京等處夫妻離異之案，共有五千七百五十二起，較諸一千八百九十年竟增至二百九十五起之多。又查是年生男育女者，共計八十六萬六千三百七十七人，其中非由明媒正娶之妻所育者，共七萬三千九百三十六人。而是年婚娶者計有二十八萬五千四百五十八人，是年死者計有八十七萬六千八百二十二人，統計法國人民共有三十八兆三十四萬三千一百九十二人，以上皆一千八百九十一年法國版籍之總數也。夫法國律例其男女立約所用之法，即此條比例之法也。今用此法，而男女互相怨恨者，以本年而論，已實有一萬一千五百零四人，則其不及以上諸法明矣。況其中積有怨恨之男女而互相隱忍未至告案者，固不知凡幾乎？又生男育女，其中非由明媒正娶之妻所育者，共七萬三千九百三十六人，則是此年法國隱然行用公法之男女，已實實有十四萬七千八百七十二人矣。且考婦人生子，二年而生二子者蓋寡，必三年乃可生二子，是則此年生子之婦人，必非上年之亦曾生子之婦人，又合其男子計之，是法國一年之中，隱然行用公法者，已實實有二十九萬五千五百四十四人也。況其餘隱用公法而未至生子女者，尚不可計數乎？考是年婚娶者，計有二十八萬五千四百五十八人耳，然則截計一年之中，男女同愛而隱用公法之人，尚浮於男女相愛而謹守國法之人，其數得一萬零零八十六名矣。今法國未用公法，且於此等隱用公法之人略抑之，所生男女不與常人同，而人之隱趣於公法者尚如此，則公法之允爲公法可見矣。而此條比例，其不如上二條，亦可見矣。

比例 凡男女之約，不由自主，由父母定之。立約者終身爲期，非有大故不離異。男爲女綱，婦受制於其夫，又一夫可娶數婦，一婦不能配數夫。

按，此更與幾何公理不合，無益人道。

比例 禁人有夫婦之道。

按，此與實理全反，不惟無益人道，且滅絕人道矣。

六、父母子女門

實理 引說四條

原質是天地所有，非父母之所生，父母但能取天地之原質以造成子女而已。其造之之功，父約費原質若干，母約費原質若干，母又費懷妊辛苦之功若干。子女之魂與父母之魂，其性大約不相同者爲多，久處則其魂亦各不相合，其相愛之性亦易變。

人於死後，其魂有自能救〔一〕生者；有不能自主，然亦團聚而投生者；有半散半聚而投生者；有散而投生者。故父母死後，其魂亦能爲其子之子孫。

人每日飲食吐納，收新棄舊，所用原質甚多。然所吐棄之舊者，一經氣化所變，則舊者又復爲新，爲他人所收矣。故地球上之人，其體質〔二〕日日輪迴，父母與子女其質體亦互相輪迴。

公法

凡生子女者，官爲設嬰堂以養育之，照其父母所費之原質，及其母懷妊辛苦之功，隨時議成定章，先代其子女報給該父母。苦不知其父，則母盡得之。及其子在堂撫養成立，則收其稅以補經費。非必人稅也，貨稅更能損富益貧。該子女或見其父母，公法於父母不得責子女以孝，子女不得責父母以慈，人有自主之權焉。

按，此是幾何公理所出之法。蓋人各分天地之原質以爲人，則父母與子女宜各有自主之權者，幾何公理也。子女既藉父母一造之功，則必當報之，亦幾何公理也。然赤子甫生之時，不能自報其父母，則奉公法之衆人，先代報之，此特幾何公理所出之法，亦不能自行，仍賴有行法之人，而

〔一〕「救」字，一作「投」，是。
〔二〕「體質」一作「質體」。

後法始行耳。

比例　子女少時爲父母所養，及長成則令其人有自主之權。

按，此却非幾何公理所出之法。蓋既用此法，則父母不欲養育其子女者，法必有禁，是子女既與父母各分形體，仍責其父母養之，則反令其父母無自主之權矣。且此法尤有不合幾何公理者，蓋子女既藉父母一造之功，又藉父母養育十餘年之功，則功勞既重，雖欲報而力必不能盡報，於是行法者，亦不能實實責〔一〕子女之報其父母，而子女之能盡報其父母者，萬人中無一二人矣。豈若子女甫生時，卽使其自養哉？今地球各國行用此法者甚多，取其風俗而備考之，則其萬人中有若干人能報父母者，可具見矣。而子女之於父母，魂不相合，因同聚而生怨者，仍不免也，萬人中互相怨恨者若干，父母怨子女者若干，子女怨父母者若干，當可考也。

比例　子女自少爲父母所養，及長亦無自主之權，身爲父母所有。

按，此法與實理更多不合。謂子女之身爲父母所有，則是天地之原質，父母因一造之功，遂并從而奪之。子女之魂，非盡由父母所造，又人各不同，乃父母竟得而制之。既用人立之法，滅幾何公理數大端，而所以使子女報其父母者，亦不合幾何公理之所謂報也。

比例　凡子女其始由父母養育者，及既從師，則爲其師之徒，身爲其師所有，與父母不復相識。

按，此全背幾何公理，且滅絕之者。

〔一〕「實實責」一作「實責」。

七、師弟門

實理 引說五條

地球既生，理即具焉，蓋既有氣質，即有紋理。人有靈魂，知識生焉，於是能將理之所在而發明之，其發明者日增一日，人立之制度亦因而日美一日。

循物質之紋理以求之，則其處置之法，便自然而有，不須取舍，不須裁制者，此爲幾何公理所出之法。此等法不能謂爲人立，乃天地所固有之法也。發明者，但有發明之功而已。

循乎物質之紋理，實無一定處置之法，必須取物質之紋理熟觀之，然後加以靈魂之知識，或去彼取此，或裁之制之，乃有可行之法，且有益於人道者，此乃人立之法，不能謂爲天地所固有也。人立之則有立之之功，論公者雖一律稱之爲開新知，然後本源要不可不明也。

後人知識必勝于前人，因後人不勞而獲前人之所有，後人但能於前人之所發明者盡知之，又能於天地之理更發明一二分，則其知識已實實勝前人一二分矣。惟論闢新知之功則不然，當以天地之理立根，而算其人所發明之多少。此三語另詳論人立法

人各分天地原質以爲靈魂，然後有知識，有知識然後能學。

公法 此公法是論所以待古今聖賢者

聖不秉權，權歸于衆。古今言論，以理爲衡，不以聖賢爲主，但視其言論何如，不得計其爲何人之

言論。

按，天地只能生理，若行而宜之道，固有人爲之事在矣。惟大道之權，歸之於衆則正，是幾何公理所出之法，且最有益人道。

比例　聖權有限。凡奉此聖之教者，所有言論，旣以合於此聖爲主，亦略以理爲衡。

按，此法與幾何公理不合。

比例　聖權無限。凡奉此聖之教者，所有言論，惟以此聖爲主，不以理爲衡。

按，此法與幾何公理全背。

公法此公法是言師弟之倫

凡師之於弟子，人有自主之權。

按，師弟一倫，全從人立之法而出，有人立之法，乃有師弟。令其人有自主之權，所謂以平等之意用人立之法者也，其最有益於人道矣。

比例　弟子之從師者，身爲其師所有，不能自立。

按，此法大背公理，無益人道，其弊甚大，非徒以差等之意用人立之法者比也。

八、君臣門

實理引說一條

民之立君者，以爲己之保衞者也。蓋又如兩人有相交之事，而另覓一人以作中保也。故凡民皆臣，而一命之士以上，皆可統稱爲君。

公法

立一議院以行政，並民主亦不立。

按，君臣一倫，亦全從人立之法而出，有人立之法，然後有君臣。今此法權歸於衆，所謂以平等之意用人立之法者也，最有益於人道矣。

比例 民主。

按，此猶是以平等之意用人立之法者，但不如上法之精。

比例 君民共主，威權有限。

按，此失幾何公理之本源。

比例 君主威權無限。

按，此更大背幾何公理。

九、長幼門

實理 引說二條

長幼特生於天地間者，一先一後而已。故有德則足重，若年之長幼，則猶器物之新舊耳。

輪迴之實理，則長復爲幼，幼又成長。

公法

長幼平等，不以人立之法施之。

按，長幼二者，既均無可以偏重之實理，則不必加以人立之法。以平等行之，正幾何公理所出之法矣。

比例

長尊於幼。

按，此乃人立之法，然實未能有益人道。

比例

幼尊於長。

按，此更無益人道。

十、朋友門

實理引說一條

天地生人，本來平等。

公法

朋友平等。

按，此幾何公理所出之法，最有益人道。

比例　以人立之法，屈抑朋友，名之曰僕婢。或以貨財售彼之身，以爲我有。

按，此大背幾何公理。

十一、禮儀門

分子目　此門甚繁，俟大集五洲各國會通禮，列表求之。今姑言其大者一二端，以爲引例云爾。

上帝稱名

實理引説一條

氣化能賅括生人之始終，生人雖窮極智慧，亦不能逃於氣化之外。

公法

氣化　原質　大主宰

按，此三名，允爲稱名之至當者。夫世間名失其實者甚多，上帝爲萬物之本，則稱名尤不可不辨也。

比例　上帝　造化主　西路巴尼　阿們　呵呼喇馬乍　地烏斯　地烏巴得耳　登里　雲馬　戈巴　壁立　以樂欣　耶和華　天地

按，以上諸名，其義或有譯爲無始無終，則嫌其義涉渺茫。其譯稱天者，則嫌其義太淺，皆無當於實理，故俱降爲比例。

紀元紀年用歷

實理引說一條

紀元紀年雖人立之法，然亦有實理，歷學則更有實理。

公法

以地球開闢之日紀元，合地球諸博學之士者，考明古籍所載最可信徵之時用之。而遞紀其以後之年，曆學則隨時取歷學家最精之法用之。

按，此爲最公之法。

比例以聖紀元而遞紀其以後之年，倒紀其以前之年。

按，此法甚不合實理。蓋聖人以前之人，不能知有後來之聖，倒紀其年，則無理矣。倘同時而數聖之功相若，則將各有紀元紀年，甚無益於人道矣。後人知識固勝於前人，其功亦可過前人，然則不令後人有改元之事，固與公理不合，或令其可以改元，則數數改元，亦無益于人道也。

比例以君紀元。

按，此更無益人道。

比例以事紀年。

按，此尤陋習。

威儀

實理引說二條

威儀者，所以表其愛者也。無威儀則吾雖甚愛重其人，亦不能驟達吾之意於彼也。其必定之以節，無取過與不及者，則欲其大衆通行之故也。蓋此乃二人相約之事，若一人獨處一室，則無所用乎威儀，但能自安其魂魄足矣。

威儀之不及者宜有罰，所以杜人之生其惡也。威儀之過者，謂之失禮。蓋既非通行之道，且用愛而無節，固必不可行之事也。猶之吾愛某人，則吾之所有，舉凡一絲一粟，皆以與之，則明日吾卽凍餒矣。

公法

凡行禮則有拱手、揖、握手、接吻、去帽、舉手、點首、摟抱等事。大凡儀節不論繁簡，總以發交醫士考察其所立之法，行之而於身體有益否，其最有益之法則，推之爲公法。

按，此乃精益求精之意。

比例 凡行禮則有跪足、叩首、哭泣等事，其儀節或繁或簡，均未經醫士考明其損益之處。

按，此乃立法之粗疏者。跪足不便於筋絡，叩首則腦血倒行，此皆經醫士考明。哭泣雖出於愛，然其事乃不能入儀節者，且最損人。

安息日時

實理引說一條

動靜之理，當分二等求之。其一等則稱爲永静性、永動性；其一等則是永動性之中，却有循環動静之理。當以比例〔一〕求之。

公法

凡立安息之日與時，視民衆之貧富以爲定，民富則增多安息之日，民貧則減少安息之日，其每日安息之時，亦民富則增，民貧則減。

按，此實幾何公理所出之法，此法甚有益於人道。如定例每人每日應作工八點鐘，則是每月共作二百四十點鐘工也。爲政者統民數計之，若實見其甚富，每月每人但作一百六十點鐘之工，便足以自給一月之費用，則是每月宜均勻十日以爲安息矣。而增減準此，每日作工之鐘數，亦相隨而增減焉，移日數以就之可也。且又當使醫生考明每人每日之精神血氣，足敷若干點鐘之用，然後酌定之。

比例凡七日則以一日爲安息。

〔一〕「例」字，一作「較」。

按，此乃人立之法。

比例 不立安息日時。

按，人生之始，纔分出一起點，便入永動性，到死後則歸於永靜性。故人生而動，乃天之性，非人生而靜也。但於其永動之中，以比較求之，則其中固有一動一靜，互爲循環之理。故必有安息者，幾何公理也。人有寢時，此爲一日之必有安息時也。週年作工，亦必有一二日停工者，此爲一月之必有安息日也。若不許人安息，則是欲於循環二者之中而滅，期所謂一靜者，此萬無之事也。若立爲一定之期，此特人立之法而已，亦不足貴也。惟以無定爲有定，則是幾何公理所出之法，公法是也。其不知立爲安息日時而不立者，則又智學未開，不明其理之故也。

十二、刑罰門

分子目 此門俟譯出各國律例之後，列表求之。今先發一端，以爲引例

命案

實理 引說一條

人命至重

公法

無故殺人者償其命，有所因者重則加罪，輕則減罪。

按，此幾何公理所出之法。

十三、教事門

分子目　此門俟訪擇五洲各教門，凡教堂學塾及傳教之規制，學校章程皆列表求之。今先發數端，以爲引例云爾。

總論教事

實理引說二條

教之實理有二：一則卽其人之智與才力而增長之，且使其能增長愛性及葆守信性也。一則以五洲衆人所發明之精理及有益之制度與其人，使其人享受利益而有以化其惡性，去其習染而得之詐術，然後智與才力不致誤用也。

治教本有自然分爲二事之形，蓋一人不能同時兼任二事，且事體不同，則人性多各有所長。

公法

教與治，其權各不相涉。

按，此乃幾何公理所出之法，最有益於人道者。

比例行教者可侵政權。

按，此必有害，如某教士侵某國政權，則其害何如，皆可具徵。

比例　教事以行政者主之，教士應得之權，行政之人，得以無理相制。

按，如此亦有害。

十四、治事門　分子目　此門俟大集五洲各國之政，列表求之。今先發數端，以爲引例。

官制

實理引說一條

官者民所共立者也，皆所謂君也。

公法

地球各國官制之最精者，其人皆從公舉而後用者。

按，此更當以其功效列表求之。

比例　官制之疏陋者，用人則以爲君者一己之私見，選拔其人而用之。

身體宮室器用飲食之節

實理引說一條

此皆所以養人之生。

公法　凡身體宫室器用飲食之節，必集地球上之醫學家考明之，取其制度之至精者。其節或分五等，或分三等。但所謂節者，其限制之界甚廣，毋取太嚴。

按，所謂身體者，如鬚髮之去留是也。如地球中緯度第若干，則其人之鬚髮當如何，一經醫士考明，則該緯度之人咸定于一。沐浴之宜多寡，諸如此類，凡莫不然。若夫宫室器用飲食，則亦宜集醫士考明之。分爲三等五等者，則所以顯榮教事治事二項之人。所謂略用人立之法，若平民則正當平等，每緯度皆宜一律，只有一等，方與幾何公理相應也。其花園、酒樓、博物院等項，當令其屬之於公，勿據爲一己之私，於是任其制度之新奇，以開民智而悦民心，惟以不傷生爲限，制斯可矣。

葬　喪禮　入威儀一類

實理引説二條

所素相愛之人，一旦驟死，在生者固餘愛未忘，然死者之屍骸，則絶無所知矣。

凡有生則必有死，此乃實理之自然。若有生無死，則地球上必至人無立足之所。

公法

火葬、水葬、土葬，任格致家考求一至精之法。

按，人取原質以爲人，則死後雖靈魂或未驟散，然質體則復歸原質，乃實理之自然。火葬則復歸原質爲速，水葬次之，土葬又次之，然皆付之於格致家，俾考求一至精之葬法，不使其氣薰蒸而成毒，以害生人，斯爲至當之論矣。

祭

實理引說一條

陰陽相隔。

公法

凡欲祭則以心祭，不用祭物，亦不用儀文，不限時，亦不限地。其前代有功之人，許後人擇可立像之地，則立其像以寄遐思，有過之人亦可立其像以昭炯鑒。且器物皆可銘其像焉，若有所愛之亡故，亦許私銘其像於器物，以寄餘愛。惟其人本無功，則不許僭用立像於地上之禮。其上帝及百神本無像之可立，皆不許立。

按，此法論祭數語，是以不立法爲立法，正幾何公理所出之法也。其論立像以下，則是人立之法，然亦最有益於人道。

比例 凡祭則用祭物及儀文，亦限時限地。

按，此只是愚，明知陰陽相隔，此祭物儀文，本不能通於彼，乃仍用之，蓋因智學未開之故。

十五、論人公法 論死節附 論爲道受苦附

實理引說三條

論議古人之功過者，所以存公議於天下者也。

公議亦日精一日。

公議者，補刑罰之不足者也。

公法此門不立目

凡論人者有二：一曰功，一曰過。功分爲二途：一曰闢新智之功，一曰行善之功。過亦分爲二途：一曰惡言之過，一曰行惡之過。每於一人之身，當事事分論其功過。功過二者當互見之。若其人無功亦無過，則概視爲平常人而不論。論古人與今人，其例皆同。凡論功過之法，無二事合論者，惟論畢則有總數。

凡論古今人闢新知之功及惡言之過，先當考明其時，次當區別其地。然以公法及比例之等次爲尺以論之，又分爲義理、制度兩項論之。假如某地某人有某書及言論若干條，留存至今，而其人年代最古，其人之前，已無可考，則其所言之義理、制度，除言太渾涵及不可得其解者，此外於其義理一項，則以今日所發明之實理爲準而算之，視彼之言，已能發明若干，卽計定爲若干功焉。其制度一項，則從現

在比例最末之制度起算，視其言應進若干度，在彼例之若干，卽定爲若干功焉。其有偏謬，亦不計其過，蓋上無所承故也。若其人上有所承，則以其所承者起算，進則計功，退則計過。

凡論古今人行善及行惡之過，以公法及比例之等次爲尺，亦與上段所言同。惟此則計其人之事業，上段則計其人之言論。計其言論者，則能闢新知及或有惡言者方計之。若但取前人之言以爲己言，則在不計之列。此則不然，能取前人之言以行之，功過在民，則計之也。

實理公法全書，倘有能闢出公法，而降原書之公法爲比例者，固當計其功，此卽從原有之公法起算，視其法能勝舊法若干，卽計功若干，此爲正功，與古人之闢新知者同計。若夫增入比例者，則是其意本能知有公法，特欲比例多，而公法之精美愈顯，非所以亂公法，亦非使人行其言而不行公法也。此則當從比例之下，一條作爲其所承者起算，以計其闢新知之功，但此等功當別號爲小功。此法亦古今通用，蓋古人亦有以後人箋注前人之書者，則亦間有比例之法，固可別爲小功之名，以計之也。又後人能增減修飾前人之言論，使其益至精美者，亦當以小功計之。

惡言之過，若察明其果因識力不及，或後人而實未見前人之議論，或上無所承，惟同時各執一説，未能有所折衷，因不能相服者，則可以原情而不計其過。此項當別立爲原情法，然亦須本人非藉其説以行私，後世亦未嘗受其言之害者方可。

凡世人既無著書復無行事，卽有亦漫無功過者，則公法謂之平常人。蓋爲善而不及有功，爲惡而不至有過，則但爲天地間一人而已。自經公法論定之人，而世人有於公法而外，以私意競相標榜，妄肆譏評者，公法必科此等人以過，以其非辨明公法於衆中也。

論死節

實理引說一條

死節乃極愛斯民而人反害我，我仍守信而不變者。

公法此門亦不立目

凡論死節之人，當先考明其死節之時，從上相承之義理若何，卽以若何之義理繩之，然後考明其死節之迹。倘按之義理而例應如此，是爲全節；若按之義理，其例應如此者若干，例不應如此者若干，是爲能盡若干之節；若全不應如此者，則慷慨捐生，仍舍其死事而不論焉。全節者復以其職業之所關係之人，定其應計之功若干，其下遞減。若全無關係之人，則由全節坐定計功若干，其下遞減。若夫開明教術，創立制度之人死節，則先問其人應得功過若干，功多於過者，則作爲全節，過浮於功者，則舍其死事而不論。

凡遇患難則變其所守、棄其所奉之道以從人者，則援其從人相承之義理，復視其所守職業之關係，計其若干過焉。然此人後日復有當論之功過，則以其所從之義理論之。

凡慷慨捐生，從容就義，橫被殘殺，暗被陷害，事各不同。若論古人，則固以其從人相承之義理繩之；若論今日身奉公法之人，則公法本諸實理，實理乃生命至重，因特立爲公例於左：

一、奉萬身公法之人，其行事既全不背萬身公法諸書所有之義理，竟被他人殺害，果其事防無可防或防不及防者，是爲全節。

一、公例不以先事預防責人，惟其事已發明，有可以防備，乃竟輕身而不防備者，則未得爲全節。

一、公例不許人輕生，凡爲道而橫被困辱者，仍當以忍辱自任，俾得計其爲道受苦之功，必俟他人殺之，乃始就刑，是爲全節。若急遽捐生者，仍非全節。

一、爲道而暗受他人之害，忽然而死者，與身受傳道之任，遠適他方爲水火雜災致死者，雖無爲道受苦之功，然皆是死節，既非犯不防備之譏，便是全節。惟水火雜災致死一項，若非遠適他方者，不在此例。

論爲道受苦

爲道受苦之人，倘繩以從上相承之義理，合應如此，則計其所受之苦若干，即與以若干之功，皆與論死節之法同。其繩以從上[一]相承之義理，不應如此者，則其所受之苦，概置不[二]論。

〔一〕「從上」一本作「從人」。
〔二〕「不」一本作「勿」。

十六、整齊地球書籍目録公論 分子目

一曰整齊萬身公法書籍

萬身公法之書籍，凡實理公法全書、公法會通、禍福實理全書、地球正史、地球學案、正史學案、考證全書、萬國公法、各國律例、各國字典、地球書籍、目録提要全書是也。萬國公法、各國律例、各國字典，講求萬身公法之人，但整齊其目録而已。若其餘七書，則講求萬身公法之士，俟全書編輯告成後，每五年必增修一次焉。其條例俟他時續漸議定，然今亦先發其二端於左：

一、凡萬身公法所有之書，經後人層次增修，則前人之所編輯者，直至一字無存，亦無不可。

一、去取必大衆畫押，畫押者必先加議論，然後畫押。

二曰推定聖經

萬身公法之書籍，博大浩繁，非孩童所能記誦也。今復集海内之書，俟每五年於修定公法各書之後，則並以衆論推定聖經數本，俾便於孩童記誦。少而習之，則精言至論，可以銘其肺腑。且五年重新推定，使世間精言至論，已往者固不失，未來者則日精，固公理也。此類書籍不能併入萬身公法者，蓋此是以心得之學，教人心得之學，各因其性之所近而自取之，非比公法之學，可人盡相同也。

三曰推定專門之學各種書籍

專門之學，如詞章學、樂學、魂學、數學、化學、醫學、天文學、地學、格致學以及諸凡藝學之書皆是也。所謂推定者，每五年於推定聖經之後，則於各種專門學之書，每門取其至精者舉出表章之，以爲天下法式焉。庶習專門之學者，亦不至迷於所往也。

四曰編年分類以存古今書籍

地球所有精通有用之書，以上盡收之矣。然其餘古今人之書，考據家尚不能驟廢之。且尤恐前人之書，有爲後挹注所未盡者，則仍未可輕之也，編年分類以存之，斯可矣。

附：萬身公法書籍目録提要

萬身公法書籍雖尚未有成書者甚多，然先提其書中之要以言之者，蓋欲地球上之人共議之，然後共修之也。

實理公法全書

此書爲萬身公法之根源，亦爲萬身公法之質體。書中首列凡例、次實字解、次公字解，又次則分爲總論人類門、夫婦門、父母子女門、師弟門、君臣門、長幼門、朋友門、禮儀門、刑罰門、教事門、治事門，而以論人公法及整齊地球上書籍公論終之。自有此書，古聖之得失纖毫畢見，生民之智學日益不窮。學者但能解此書一過，則其知識所及，較之古聖已過之遠甚，此時實爲之，正可爲學者歡欣鼓舞也。聖人之身，成之甚易，則聖人之功，可勿勗哉。

公法會通

此書乃實理公法全書之嚮導官也。自開闢以來，智學未開，惡人得用其術以愚民，民之遭其陷溺久矣。故療久疾者，不可驟投以峻補之藥。且地球開闢亦未久，經格致家將地球逐漸考驗，知地球自始生以來，曆六萬年，然後有人類，自有人類以至今日，則不過四千餘年耳。今者地球僅大通之始，智學特萌芽之初，然則培童樹者，亦未能施厚料也，公法之有會通，職此之故。書中分三類言之：其一、論講求萬身公法，其二、論推行萬身公法，皆欲會通公法，俾可行於今日者；其三、總論萬身公法，蓋又用以增人之智、解人之惑者也。

禍福實理全書

此書乃恐世人作惡多端，公法有時不及治，因發明禍福實理以補之者。禍福之實理有三，書中亦分三類以考之：一曰人事之禍福。如犯罪則必有刑，行善則必受賞，以善及人，人必報之，以惡加人，人亦報之是也。二曰鬼道之禍福。凡人曾謀殺他人，或寃抑生命者，彼死後之魂多能報之，無故而爲鬼所侮弄者，其人必多非善類，福則反是是也。三曰自致之禍福。此如戕賊其身，則壽必短，病必多，立心不善，則自己作事亦多顛倒之類，福亦反是是也。凡此三類，不問前生今生所致，要皆取實實（疑衍一實字）可以徵信者言之。凡紀一事，立一説，必於實測二字，確有可據，衆見僉同，其文乃定。然人苟取讀此書，則視古時之自號爲聖人，妄造禍福之説，以行其私者，其説蓋一文不值矣。

地球正史

此書記已往之迹，以爲今日鑒戒之例者也。用中國資治通鑑之體裁，然亦略變之。全書中隻字皆採自古人，不得妄更一字，惟每事之末，則夾注云，公議其公（功？）過若干，每一人之卒也，則又總計其一生之功過，附注於下焉。書中所言，於教爲尤詳，俗次之，政又次之。凡遇地名則考明其所在之經緯度，直稱其經緯度，而小注其地名於下。遇人名有前後二人相同者，則前一人增以第一二字，以下同名之人，亦均增以第若干字樣，此其大略也。

地球學案

此書特正史之緒餘耳，然所以當修此書者，蓋於地球教術，尤爲加詳也。是書於凡應立學案之人，必爲之自立一學案，雖或繁或簡，然但有言論當誌，即無附人（入？）他人之學案者，用是以著自主之權焉。且此書非徒用以揚善，亦並用以警惡。凡地球上古教，不論其偏謬若何，皆詳誌之。其體例則每一學案，分爲三段，首段則是本人之傳，於爵里遭遇行事德量及師友淵源、教澤盛衰皆具記之。

公法會通

論講求萬身公法

凡講求萬身公法之人，身在某國，則行事卽不得違犯某國之律例。

凡講求萬身公法之人，亦許其兼奉他教，卽各教教堂，有欲兼傳公法之學者，皆許之。然既欲講求，則總以聲氣互通爲主，俾不能借公法之名以營私，且得紀其功以爲後日修史之用。

論推行萬身公法

公法最有益於人道，固不待言，然行事亦當有次序也。假如某國執政之人，深知公法之美，甚欲變法，然其國現時所用之法，僅在比例之末，則轉變之始，當變爲彼例之首者，俟再變乃至直用公法，庶無驟變而多傷之患也。

公法將君主例於比例之稍後，似乎不便於人主之私，抑知大不然。蓋公法最有益於人道，苟能用之，則國內之民，日智一日，其興盛必遠勝他國之不能用公法者矣。

深明公法之人，其行事因循守舊，不能倡爲更新之舉，則雖不能有功，但未嘗有過。惟他人既樂用新法，乃因其不便於我一己之私而阻之，則此等人必不容于公論矣。然人但能於公法中提倡一事，卽有一事之功，雖其他吾未提倡，固自無過。然則身爲君主者，苟能推行公法一二端，其功已不朽於天壤間矣。

地球上各國之民，倘有多人將公法講求既熟，欲聯爲一會，舉公法一二端以行之者，倘其事絕不違該國之律，則公法許之。若夫身任議員，則舉公法而議之，職能奏事，則取公法而陳之，此皆可欽尚者。至於各國之君，有能頒行公法者，則其國之民，尤爲得所託命，凡此均紀其功以爲修史之用。惟公法之意，須令人講求極熟，使其心深此理，自然樂行，直至反强其不行而不可，乃共行之，斯合公法二字之宏旨也，且如是方不愧爲公法也。故有驟舉公法以强人，至其事決裂而多傷者，則公論當轉議其過。

總論萬身公法

公法乃地球上古今衆人各出其心思材力總合而成，世人盡用公法，公法不因此而榮，世人妄意以亂之，行比例之法，而舍棄公法，〔公法〕不因此而辱。

民功篇

太昊帝庖犧氏

古者庖犧氏之王天下也，仰則觀象于天，俯則觀法于地，觀鳥獸之文與地之宜；近取諸身，遠取諸物，于是始作八卦，以通神明之德，以類萬物之情。易。白虎通：古之時未有。

虙戲造六峜，以迎陰陽，作九九之數，以合天道，而天下化之。管子。

虙戲氏之世，天下多獸，故教民以獵。尸子。古史考：伏羲比作网。

三朝六紀：民人但知其母不知其父，能覆前而不能覆後，臥之詓詓，起之吁吁，饑卽求食，飽卽棄餘，茹毛飲血，而衣皮羽。于是伏羲仰觀象于天，俯察法于地，因夫婦正五行，始定人道，畫八卦，以治天下，天下伏而化之，故謂之伏羲也。新語：先聖仰觀天文，俯察地理，圖畫乾坤，以定人道，民始開悟，知有父子之親，君臣之義，夫婦之道，長幼之序，于是百官立，王道乃生。

虙戲造六峜，以迎陰陽，作九九之數，以合天道而天下化之。管子。

伏羲氏始畫八卦，列八節而化天下。尸子。

和八風以畫八卦，分六位而正六宗，于時未有書契，規天爲圖，矩地取法，視五星之文，分晷景之度，使鬼神以致羣祠，審地勢以定川岳。拾遺記。

天地開闢，五緯各在其方，至伏羲氏乃合，故曆以爲元。易稽覽圖。
伏羲立九部，而民易理。易坤靈圖。

按，始學篇：人皇九頭，兄弟各三百歲，依山川土地之勢，裁度爲九州。尚書大傳以伏羲爲人皇，九部疑卽九州也。如㠯易緯之說，不深考，姑附于此。

伏羲推列三光，建分八節，以爻應氣凡二十四，消息禍福，以制吉凶。春秋內事。

按，以上諸說，雖不見于經，而管子六峜之說足信，則授時之學，不始于堯舜矣。

作結繩而爲网罟，以佃以漁。易。漢書：作網罟以田，漢取犧牲，故天下號曰庖犧氏。帝王世紀：取犧牲以充庖廚，故號庖犧氏。

宓羲氏之世，天下多獸，故教民以獵。尸子。

按，人爲萬物之靈，其生也必遲，俟百物俱繁，然後毓焉。地之始凝也，外質爲石，石質生水，溼氣相蒸而苔生焉，苔生百草，百草生百木，百木生百蟲，百蟲生百獸。當伏羲之先，其爲百獸之天下也，人獨雲〔一〕清陽之質，旣出生矣，聰明卽聳于萬物。蓋伏羲時去民之初生，無幾時耳。夫人之聰明，不能自禁塞，旣生百獸之間，卽有以制百獸，制器利用，自繁其類，以爲人之天下。於後，黃帝教熊羆、貔貅貙虎以戰，堯誅猰貐、鑿齒、九嬰、大風、封豨、修蛇，周公驅猛獸。蓋獸蹄鳥跡，猶交于中國，然上下千餘年耳，人治之盛如此。元命苞謂開闢至春秋獲麟之歲，凡二百二十六萬七千年，分爲十紀，固爲奇謬，卽諸古說謂天皇地皇爲萬八千歲，人皇四萬餘年，管子稱知禪者七十

〔一〕「雲」疑爲「稟」之誤。

有二君，亦大誕荒，吾以伏羲創制之事斷之。

芒氏作羅。世本：芒氏，伏羲臣也。

伏羲制據要以儷皮爲禮。古史考。拾遺記：始嫁娶以修人道。

民之初生，睢睢盱盱，惟欲是從，何避何虞？男女無分，美爲歸據，争無已時，殺在睚眦，羲定儷皮，各有匹徒，名分有定，不可窺覦。夫婦既立，父子可叙，故曰：禮立而分定，使民不争。故曰男女別而後父子親，此人道之始，中國之大義也。伏羲以前皆野合野生，無宗族之叙，伏羲以後，則宗族立而禮義起矣。山海經謂：伏羲生威鳥，威鳥生乘釐，乘釐生後照，是始爲巴人。雖未足信，而伏羲爲風姓，此後宗譜必與矣。但尊男抑女不審始于何王。考伏羲之後，繼以女媧，其以聖女王天下無疑。上古遺貴聖智而不辨男女，正不必引徐夫人爲男子名之例釋之也。

庖犧氏作瑟五十絃。世本。史記：太帝使素女鼓五十絃瑟，悲，帝禁不止，故破其瑟爲二十五絃。五十，此謬不足信。

伏羲樂曰立基，一云扶來，亦曰立本。孝經鉤命决。

伏羲氏作瑟造駕辨之曲。楚辭注。

羲皇造布。古史考。

伏羲燧人，始名物蟲鳥獸。春秋命曆序。

祭法曰：黄帝主名百物，似不足信。然名物者，以先始爲主，不應伏羲先出不名物也。

命臣飛龍氏造六書，命臣龍潛氏作甲曆，伏制犧牛，治金成器，教民炮食，易九頭爲九牧，因尊事爲禮儀，因龍出而紀官，因鳳來而作樂。命降龍氏倡率萬民，命水龍氏平治水土，命火龍氏炮治器用，因居方而置城郭，天下之民號曰天皇太昊。三墳。禮樂文物于茲始作，去巢穴之居，變茹腥之食，立禮教以導文，造干戈以飾武，絲桑爲瑟，均土爲塤，禮樂于是興矣。拾遺記。

按，倉頡作書，蚩尤作兵，似非創自羲皇。或云：倉頡在羲皇前，純以繫辭結繩之序，則不足信。蓋三墳僞書，本不足深考，姑附叙之。

伏羲六佐，金提主化俗，鳥明主建福，視默主災惡，紀通爲中職，仲起爲海陸，陽侯爲江海。論語摘輔象。

六佐之職，雖不見經，而緯亦時有古説，如化俗敷教之職也，海陸則并治河矣。

上古皆穴處，有聖人教之巢居，號大巢氏。始學篇。

太古之初，人吮露精，食草木實而居野處。山居則食鳥獸，衣其羽皮，飲血茹毛，近水食魚鱉螺蛤，未有火化，腥臊多害腸胃。于是有聖人以火德王，造作鑽燧出火，教人熟食，鑄金作刀，民人大悦，號曰燧人。古史考。

燧人上觀星辰，下察五木以爲火。尸子。

磔禳祀除癘殃也。古者燧人禜子所造。説文。

燧人在羲皇之前，羲皇之後，無可考。陽子居曰：太古之事滅矣，孰誌之哉？屈原曰：遂古之初，誰傳道之？而其有功于民者，皆在人耳目。白虎通曰：三星者，何謂也？謂伏羲、神農、燧人也，或曰：伏羲、神農、祝融也。謂之燧人何？鑽木遂取火，教民熟食，養人利性，避臭去毒，謂之燧人也。謂之祝融何？祝者，屬也；融者，續也。言能屬續三皇，以燧皇在戲皇農皇之先。禮含文嘉敘三皇曰：虙戲、燧人、神農，則在羲後農前。今以易首敘伏羲，謹從之，而以不可考者附于後。有巢氏，帝王世紀、漢書古今人表皆有之，敘在伏羲後，三墳以爲燧人父，未可信。莊子、路史以爲在伏羲前，今亦列于燧人之前。凡傳記所紀，皆開闢神靈，如女媧、共工之屬，皆附敘焉。

女媧氏亦風姓也。

往古之時，四極廢，九州裂，天不兼覆，地不周載，火爁炎而不滅，水浩洋而不息，猛獸食顓民，鷙鳥攫老弱。于是女媧煉五色石以補蒼天，斷鼇足以立四極，殺黑龍以濟冀州，積蘆灰以止淫水。蒼天補，四極正，淫水涸，冀州平，狡蟲死，顓民生，背方州，抱圓天，和春陽夏殺秋約冬，枕方寢繩陰陽之所，壅沈不通者竅理之，逆氣戾物，傷民厚積者絶止之。淮南子「背方州」以下文字稱伏羲。

補天立極，說雖近誕，然上古人稀力弱，猛獸食顓民，鷙鳥攫老弱，則實事矣。至公時法治大備，猶須驅虎豹犀象蛇龍，况邃古乎？女媧者，必嘗捍大災者也。故黃土摶人之謬，亦歸功焉，其有奇功者矣。

女媧禱祠神祇而爲女媒，因置婚姻。風俗通。

女媧作簧隨作笙。世本。

女媧命娥陵氏制都良管，以一天下之音，命聖氏爲班管，合日月星辰名曰充樂。帝系譜。

共工之王，水處什之七，陸處十之三，乘天勢以隘制天下。管子。

共工氏長駕遠馭，故水處多于陸處。風俗通引共工氏之子曰修好，遠遊舟車所至，足跡所逮，靡不窮覽，故祝以爲祖神，殆猶承庭誥也。祭法稱共工氏伯九州，帝王世紀稱任知刑以强。列子稱共工氏怒觸不周山。蓋共工近于後世秦皇元祖，其在西域，則拿破侖第一之倫，其遠遊水處，則英荷之類。惟務强遠略而不務德，此後世所以多貶辭而見削于易也，君子宜知所務矣。

昔古朱襄氏之治天下也，多風而陽氣畜積，萬物散解，果實不成，故士達作五絃瑟，以采陰氣，以定羣生。昔葛天氏之樂，三人摻牛尾，投足以歌八闋：一曰載民，二曰玄鳥，三曰遂草木，四曰奮五穀，五曰敬天常，六曰達帝功，七曰依地德，八曰總萬物之極。昔陰康氏之始，陰多滯伏而湛積，水道壅塞不行，其原民氣鬱閼而滯着，筋骨瑟縮不達，故作爲舞以宣導之。呂氏春秋。

八闋之歌，首重載民，次以草穀，與洪範食貨之義相合。至于敬天常，依地德，總物極，則務民義至矣。民氣鬱閼，筋骨瑟縮，則待宣暢也。其亟陰康氏能體命之情，創爲舜以達之。至于周時，戈版羽籥，爲國子日習之業，外以作其威儀，內以固其肌膚之會，筋骸之節，故其民樂而壽，和而强。後世學日敗壞，其有志者僅能以義理養性，自餘惟事縱欲，筋骨不固，威儀不肅，壽命不長，職由于此。樂記曰：君子樂得其道，小人樂得其欲，義雖精深，似不尚不知先王陰納期民於仁義之隱也。樂學亡，舜學絶，甚至歌場、樂坊、舞事亦散，則先王之澤，澌然掃地而盡，耗矣哀哉！民體不康，智不長，其血玄黃，天地之大德曰生，豈伊先王所以宇世長吒，倘亦仁者所宜垂精留神乎？帝王世紀云：女媧氏後，大庭氏王有天下，次有栢皇氏、中央氏、栗陸氏、驪連氏、赫胥氏、尊盧氏、祝融氏、混沌氏、昊英氏、有巢氏、葛天氏、陰康氏、無懷氏，皆襲庖犧之號。諸說或以爲羲皇前，或以爲羲皇後，或以爲伏羲之臣。上古茫昧不可考，以功德不流聞，今皆從略。

無極之始，積氣生熱，積熱生金，金生土石，積土石生草木，積草木生蟲，積蟲生禽獸，積禽獸生人，積人生聖哲。草木側生而無知，蟲橫生而能動，禽獸節形體與人同，蓋遠別于草木蟲魚矣，而滯於橫生，血氣灌之，濁其靈明。惟人載天履地，跂然翹立，絶出萬物之上，然後出而最智以君萬物者也。人類稍積，羲聖首出，創作八卦，包象蘊教，開物成務，民物之理備矣。而所作不過作甲曆，制嫁娶，造琴瑟，教佃漁而已，餘事尚有待。風氣既開，人智不能自已，百年至黃帝，而民治大齊。民蒙其澤，利其用以贈萬事，世羲之神功遠矣。上世貴智齊類，熙熙無所雄卑，能制作則民推戴之，首創惟羲，蓋爲六地民功之基。敍伏羲氏。

神農氏

凡古王者，皆有功于民，以爲民主，以嬗鳴號，惟神農功至大，蹟至奇。凡民患無食，悉材用器賄不備悉疾病。神農備民材用，備民疾病，一身爲帝、爲農、爲工、爲商、爲醫，于是爲神。其後世在顓頊時爲土正，堯時爲四岳，商爲阿衡，周爲太師，分封爲齊，呂申許外紀路洛，明德遠矣。敍神農氏。

斲木爲耜，揉木爲耒，耒耜之利以教天下。易。

倕作耒耜。世本。

神農之時，天雨粟，神農遂耕而種之。作陶冶斤斧爲耒耜鉏耨，以墾草莽，然後五穀興助，百果藏實。逸周書。

粟是地所自生，何待天雨？此近附會。

神農作，樹五穀，淇山之陽，九州之民，乃知穀食，而天下化之。管子。

神農並耕而王，所以勸耕也。尸子。

古者民茹草飲水，采樹木之實，食蠃蠬之肉，時多疾病毒傷之害。于是神農乃始教民播種五穀，相土地宜燥濕肥燒高下，嘗百草之滋味，水果之甘苦，令民知所避就。當此之時，一日而遇七十毒。淮南子

民人食肉飲血，衣皮毛。至于神農，以爲行蟲走獸，難以養民，乃求可食之物，嘗百草之實，察酸苦之味，教民食五穀。新語。

神農時民食穀，釋米加燒石上而食之。

神農之數曰，一穀不登，減一穀，穀之法什倍，二穀不登，減二穀，穀之法再什倍。夷疏滿之，無食者予之陳，無種者貸之新，故無什倍之賈，無倍稱之民。管子。

神農經曰，上藥養民，謂五石之鍊形，六芝之延年也；中藥養性，謂合勸蠲忿，萱草忘憂；下藥治病，謂大黃除實，當歸止痛。博物志。

神農稽首再拜問于太一小子曰：鑿井出泉，五味煎煮，口別生熟，後乃食咀，男女異利于識其父，曾聞太古之時，人壽過百，無殂落之咎，獨何氣使然耶？太一小子曰：天有九門，中道最良，日月行之，名

曰國皇，字曰老人，出見南方，長生不死，衆耀同光。神農乃從其嘗藥，以救人命。上藥一百二十種爲君，主養命以應天，無毒久服，久服不傷人，欲輕身益氣不老延年者，本上經。中藥一百二十種爲臣，主養性以應人，無毒有毒，斟酌其宜，欲遏病補虛羸者，本中經。下藥一百二十五種爲佐使，主治病以應地，多毒不可久服，欲除寒熱邪氣，破積聚愈病者，本下經。三品合三百六十五種。

日中爲市，致天下之民，聚天下之貨，交易而退，各得其所。易。

神農在黃帝先，天下萬國盡聚其民，盡聚其貨，識其物形性土産，合而講求之。故物産日形，新器日出，不待黃帝，可決萬材之日興也。此爲神農之學，未可輕也。

神農始立地形，甄度四海遠近山川，林藪所至。春秋命曆序。

此測繪之學之祖，智周道濟，王者所先焉。

琴，禁也，神農所作。洞越，練朱五絃。說文。新論：神農氏爲琴七絃，足以通萬物而考理亂也。孝經鉤命決曰：神農樂曰下謀，一名扶持。

黃帝

人道求美，人道求樂，宮室舟車，衣服文字，曆數伎樂，什器禮治，皆以樂民。宮室舟車，衣服文字，曆數伎樂，什器禮治，皆創于黃帝。其佐臣皆神靈，統一中國自黃帝。中國有人民四千年，皆用黃帝制度，樂利實萬王民功之魁。敘黃帝。

神農氏沒，黃帝、堯、舜氏作，通其變，使民不倦，神而化之，使民宜之。易窮則變，變則通，通則久。是以，自天祐之，吉，无不利。易。

按，國語云：少典生炎帝，黄帝成而異德，用師以相濟。新書謂：炎帝者，黄帝同母異父兄弟，不若史注引作同父母弟。國語足依據。帝王世紀謂炎帝八世，尸子謂七十世，皆妄也。鬻子：黄帝十歲知神農之非，而改其政，故易特有通變宜民之美。以炎黄堯舜皆出一家，而能變政以利民，故可美也。若更性移代，則改朔易色，乃有國之常，何足異而美之？夫法久則弊必生，令久則詐必起。若代逾百年，時代貿遷，人皆知非，而必泥祖宗之成法，不通變以宜民，百政壅閼，民氣鬱塞，下不蒙德，國受其災，必待易姓者改紀其政，而祖宗實不血食。漢不知通變，自改其政，而亡于女寺；唐不知通變，自改其政，而亡于藩鎮；宋不知通變，自改其政，而亡于夷狄；元明不知變，自改其政，而亡于盜賊。嗟夫！使漢唐宋元明之君臣，知師黄帝堯舜，早自變改，雖至今存可也。後之人舍黄帝堯舜之聖而不師，而甘蹈漢唐宋明之覆轍，明知其非而樂循之，禍不旋踵矣。詩曰：殷鑒不遠，在夏后之時，安知厥歸哉？夫樂倡守祖宗之成法者，援率由之美名也，必以是爲美者，則黄帝堯舜之自變其政，孔子美之皆非也。後王不師黄帝堯舜，孔子以宜其民而安其國家，事其祖考，而樂拾率由之單字偏義以自求于危亡，豈王者祖宗所樂有是臣乎哉？不深通易之大義，而與鄙儒謀國，如其亡，如其亡！

黄帝、堯、舜垂衣裳而天下治，蓋取諸乾坤。刳木爲舟，剡木爲楫，舟楫之利，以濟不通，致遠以利天下，蓋取諸涣。服牛乘馬，引重致遠以利天下，蓋取諸隨。重門擊柝，以待暴客，蓋取諸豫。斷木爲杵，掘地爲臼，臼杵之利，萬民以濟，蓋取諸小過。弦木爲弧，剡木爲矢，弧矢之利，以威天下，蓋取諸睽。上古穴居而野處，後世聖人易之以宮室，上棟下宇，以待風雨，蓋取諸大壯。古之葬者，厚衣之以薪，葬之中野，不封不樹，喪期無數，後世聖人易之以棺槨，蓋取諸大過。上古結繩而治，後世聖人易之以書契，百官以治，萬民以察，蓋取諸夬。易。

按，堯舜時制度大備，典章琴麗，非復樸陋之風，凡此制作，蓋皆黃帝爲之。

黃帝主名百物，以明民共財。

官名皆以雲命爲雲師，舉風后、力牧、常先、大鴻以治民。神農以前尚矣。蓋黃帝考定星曆，建立五行，起消息，正閏餘，于是有天地神祇物類之官，是謂五官，各司其序，不相亂也。民是以能有信神，是以能有明德，民神異業，敬而不瀆，故神降之嘉，生民以爲物享，災禍不生，所求不匱。順天地之紀，幽明之占，死生之說，存亡之難，時播百穀，草木淳化，鳥獸蟲蛾，旁羅日月星辰，水波土石金玉，勞勤心力耳目，節用水火材物。史記。

大撓作甲子，容成作曆，隸首作數。世本。又雍父作舂，皆黃帝臣。

黃帝作鑒甑，始蒸穀爲飯，烹穀爲粥。古史考。

軒轅考定曆紀，吹玉律，正璇衡。

天下人民，野居穴處，未有室屋，則與鳥獸同域，于是黃帝乃伐木構材，築作宮室，上棟下宇，以避風雨。新語。

黃帝作宮室，以避寒暑，此宮室之始也。白虎通。

帝既斬蚩尤，因立臺榭。無屋曰臺，有屋曰榭。黃帝内傳。

帝作合宮，祀上帝布政教。外紀。

黃帝作車，引重致遠，少昊時加牛，禹時奚仲加馬。古史考。

胲作服牛，共鼓貨狄作舟。世本。

軒轅變乘桴以造舟楫。拾遺記。

倉頡作書而天雨粟，鬼夜哭。史皇産而能書。淮南子。論衡：倉頡四目，爲黃帝史。

史皇作畫。世本。外紀云：黃帝命倉頡爲左史，制字，使天下義理必歸文字，天下文字必歸六書。

黃帝之史沮誦倉頡□彼鳥跡，始作書契，紀綱萬事，垂法立則。

黃帝斬蚩尤，蠶神獻絲，乃稱織維之功。黃帝内傳。

黃帝作旃冕，胡曹作冕，余作衣裳，於則扉履。世本。

軒轅始造書契服冕重衣，故有袞龍之頌。拾遺記。

黃帝問於伯高曰：吾欲陶天下而以爲一家，爲之有道乎？伯高對曰：請刈其莞而樹之，吾謹逃其蚤牙，則天下可陶而爲一家。黃帝曰：此若言可得聞乎？伯高對曰：上有丹沙者，下有黃金，上有慈石者，下有銅金，上有陵石者，下有鉛錫赤銅，上有赭者，下有鐵，此山之見榮者也。苟山之見其榮，君謹封而祭之，距封十里而爲一壇，是則使乘者下行，行者趨，若犯令者罪死不赦，然則與折取之遠矣。修教十年，而葛盧之山發而出水，金從之，蚩尤受而制之，以爲劍鎧矛戟，是歲相兼者諸侯九；雍狐之山發而出水，金從之，蚩尤受而制之，以爲雍狐之戟，芮戈，是歲相兼者諸侯十二。黃帝之王，謹逃其爪牙，不利其器，燒山林，破增藪，焚沛澤，逐禽獸，實以益人，然後可得而牧也。管子。

黃帝紀曰：凡有血氣之屬，莫不有知，有知之屬，莫不知愛其類。古之王者，自愛其類，因制五兵，以拒非類，而自茂衍，故燒山林，破增藪，焚沛澤，實以益人。益烈山澤而焚之，亦此故也。近諸歐洲諸國，皆用山澤以宅人，過于相攻遠矣。東三省有老林窩集其爲材衆矣，爲地大矣，此亦黃帝益之所有事乎？

黃帝作弩。古史考。

揮作弓，牟夷作矢。世本。

短簫鐃歌，軍樂也，黃帝使岐伯所作也，所以建武揚德，風勸戰士也。古今注。

蹴鞠，黃帝所造，本兵勢也。劉向別錄。

元女請帝製角二十四以警象，請帝鑄鉦鐃以擬雹之聲。黃帝內傳。

兵陰陽：黃帝十六篇，圖三篇，陰陽封胡五篇，風后十三卷，圖二卷，力牧十五篇，鵊冶子一篇，圖一篇，鬼容區三卷，圖一篇，地典六篇，孔甲盤盂六篇。漢書。

黃帝與蚩尤戰于涿鹿之野，蚩尤作大霧，兵士皆迷，于是作指南車，以示四方，遂擒蚩尤，而卽帝位，故後常建焉。黃帝與蚩尤戰于涿鹿之野，常有五色雲氣，金枝玉葉，止于帝上，有花葩之象，故因而作華蓋也。古今注。黃帝內傳：黃帝伐蚩尤，玄女爲帝製夔牛鼓八十面，玄女爲帝製司南車當其前，記里鼓車居其右。

黃帝之初，養性愛民，不好戰伐，而四帝各以方色稱號，交共謀之，邊城日警，介胄不釋。黃帝歎曰：君危于上，民不安于下，主失其國，其臣再嫁，厥疾之由，非養寇耶？今取民萌之上，而四道亢衡，遞震予師，于是遂師營壘，以滅四帝。向令黃帝若不龍驤虎變，而與俗道，則其臣民亦嫁于四帝矣。萬機論。

天下有不順者，黃帝從而征之，平者去之，披山通道，未嘗寧居。東至于海，登丸山及岱宗，西至於空桐，登雞頭，南至於江，登熊湘，北逐葷粥，合符釜山，而邑于涿鹿之阿，遷徙往來無常處，以師兵爲營衞，置左右大監，監于萬國，萬國和而鬼神山川封禪與爲多焉。

黃帝時萬諸侯而神靈之封居七千。史記。

黃帝作舟車，以濟不通，旁行天下，方制萬里，畫野分州，得百里之國萬區。漢書。

軒知地利，九牧倡教。論語讖。

置四史以主圖籍，使九行之士，以統萬國。九行者，孝慈文信言忠恭勇義以觀天地，以祠萬靈，亦爲九德之臣。拾遺記。

黃帝之初，□作二后，乃設建典，命赤帝分正二卿，命蚩尤于宇，少昊以臨四方，司□□上天莫成之慶，蚩尤乃逐帝，爭於涿鹿之阿，九隅無遺，赤帝大懾，乃說于黃帝，執蚩尤，殺之于中冀之野，以甲兵釋怒，用大正順天思，序紀于大帝用，名之曰紀轡之野，乃命少昊請司馬鳥師以正五帝之官，故名曰質天作大成，至于今不亂。逸周書。

統觀諸說，炎帝黃（帝）之時，並帝者數人，分國者萬土，當事實事，請合今古證而論之，以著黃帝功。有使南洋諸島而還者，爲吾道諸島各有酋長，以萬億計。小谿淺澗，不可涉越，無舟可渡，便若隔絶，語言不通，莫往莫來，兩崖相望，邈若絶域。由斯而言，太古睢盱，無舟無車，文字未制，語言分區，各有雄長，憑險負嵎，豐草長林，山谷崎嶇，千夫萬夫，領衆治徒，若今猺寨，若今土司。老子曰，至治之世，雞狗相聞，各安其居，樂其業，美其服，使民老死不相往來。管子稱牛馬之牧不相及，人民之俗不相知，不出百里而來足，誠哉斯言也。故萬國之制，理出自然，非先王所能違也，特因而封之，柳子厚以爲封建勢也，略得之矣。夫既諸國並峙，則其雄强者不能無争，弱肉强食，則雄强者益大，有睿智者出，既迥然出萬國之上，則一方奉之，號爲天子，稱爲帝皇，則羲農稱焉。雖然，羲農之世，無文字，無舟車，則無以行遠，其爲帝制之地，必無幾矣。則必有殊方大國雄一方而竊名號者，如歐洲德法合三十六國而爲帝，意又合二十五國而爲帝，日斯巴尼亞又合十四國而爲帝，印度合二百四十多國而奉英爲皇。然則，蔣濟云四帝之争，正與逸周書五帝之説相符也。其謂炎帝命蚩尤少昊，蚩尤攻炎帝，黃帝殺蚩尤而封少昊，雖古簡或有錯滅，而深中于事勢也。是故羲農之王，號令必隘，殆等方伯，至黃帝神靈尤異，接羲緒農，獨際其時。舟車既創，無有山陸川澤，罔不戾屆，而又造作五兵以威之，辯爲文義以達之，倫以指南有車，記里有鼓，殊製異器，莫不畢創。風后、力牧、泰山稽之倫相與輔之，萬國始能畏其威力，繼震其神靈，而後黃帝時巡，懷之以文德，飾之以鬼神，崇秩山川之祀，增置神靈之後，分置二伯九牧，以監天下，備營衛而四巡。百年之間，披山通道，未有寧居，遷徙往來，無有常處，使萬國皆瞻慕神靈，服從制度，文軌禮樂，偏于九域，勞動耳目心力，兼包並鶩，于是江河之間，萬國合于一統。蓋中國之一統，定于黃帝也。神其利器尚象，利用出入，民咸用之，子孫散布于方州，治法永軌于萬世，以上掩羲農，下啓堯舜，當爲中國聖而王者第一人也。至今祀緜四千，制度皆用黃帝遺法，堯舜因而治加盛，孔子因而教加精，然考論民功，未有若黃帝之盛且遠也。

吾斷謂統一中國自黃帝始，以舟車文字創出也。班孟堅謂黃帝旁行天下，方制萬里，推本于制舟車，以濟不通，誠知言也。帝王世紀謂，自神農以上有大九州，柱州、迎州、神州之等，黃帝以來，德不及遠，惟于神州之內，分爲九州。此不獨誇大，亦不通古今之故也。九州以外，不獨神農以前不能通，漢文景以前未能知之。周逐獫狁，至于太原，重譯入貢，乃僅越裳，漢時張騫鑿空始通西域印度。後漢甘英乃通大秦，自此千年猶遏紀不達。元滅欽察，乃至大□，郭侃下佉藍馬八，乃由土耳其、猶太入埃及、努力比亞等境，而後亦不通。此無他故，舟車不精，遠而莫及也。此豈神農之世，未有舟車者所能通乎？

黃帝得寶鼎，宛朐問于鬼臾區，鬼臾區對曰，黃帝得寶鼎神策，是歲己酉朔旦冬至，得天之紀，終而復始。于是黃帝迎日推策，後率二十歲復朔旦冬至，凡二十推，三百八十年，黃帝僊登于天。史記。

昔黃帝令伶倫作爲律。伶倫自大夏之西，乃之阮隃之陰，取竹于嶰谿之谷，以生空竅厚鈞者，斷兩節間，其長三寸九分而吹之，以爲黃鍾之宮，吹曰舍少。次制十二筒，以之阮隃之下，聽鳳凰之鳴，以別十二律。其雄鳴爲六，雌鳴亦六，以比黃鍾之宮，適合。黃鍾之宮，皆可以生之，故曰黃鍾之宮，律呂之本。黃帝又命伶倫與榮將鑄十二鍾以合五音，以施英韶，以仲春之月，乙卯之日，日在奎，始奏之，命之曰咸池。呂氏春秋。

黃帝以其緩急，作五聲，以政五鍾，令其五鍾：一曰青鍾大音，二曰赤鍾重心，三曰黃鍾灑光，四曰景鍾昧其明，五曰黑鍾隱其常。五聲既調，然後作立五行以正天時，五官以正人位，人與天調，然後天地之美生。管子。

黃帝治天下，而力牧太山稽輔之，以治日月之行律，治陰陽之氣，節四時之度，正律歷之數，別男女，異雌雄，明上下，等貴賤，使强不掩弱，衆不暴寡，人民保命而不夭，幾時熟而不凶，百官正而無私，上下調而無尤，法令明而不闇，輔佐公而不阿，田者不侵畔，漁者不爭隈，道不拾遺，市不豫賈，城郭不關，邑無盜賊，鄙旅之人相讓以財，狗彘吐菽粟于路，而無忿争之心。淮南子。

黃帝命雷公岐伯論經脈，旁通問難八十爲難經，教制九針，著內外術經十八卷。帝王世紀。漢書：黃帝內經十八篇，外經三十七篇。

凡生民千制百學，至黃帝而大備，後世如者寡矣。豈爲無加？又不能傳之！針灸之學中絕，以四千年之講求，乃不如農軒百年之創作。其地猶是，人猶是，然而中愚者，不講民功，民不與學故也。四千年神聖之教不傳，而令裔夷得竊其緒而擅其長，此亦爲政者之恥也。

馬師皇者，黃帝時馬醫也。知馬形生死之診，治之輒癒。甯封子，黃帝時人也。爲黃帝陶正。列仙傳。

游鳧問于雄黃曰：逐疫出魅，擊鼓呼噪也，何也？黠首多疾，黃帝氏立咸，使之沐浴齋戒，以通九竅，鳴鼓振鐸，以動其心，勞形趨步，以發陰陽之氣，飲酒茹葱，以通五臟，擊鼓呼噪，逐疫出魅，黠首不知，以爲魅祟耳。莊子逸篇。

黃帝生而能言，役使百靈，可謂天授自然之體也，猶復不能端坐而得道。故陟王屋而受丹經，到鼎湖而飛流珠，登崆峒而問廣成，之具茨而事大隗，適東岱而奉中黃，入金谷而咨涓子，論導養而質玄素二女，精推步則訪山稽力牧，講占候則詢風后，著體診則受岐雷，審攻戰則納五音之策，窮神姦則記白澤之辭，相地理則書青鳥之説，救傷殘則綴金冶之術。故能畢該秘要，窮道盡真，遂乘龍以高躋，與天地乎罔極也。抱朴子。

仙道莊列之辭，多假託，不足信之，此擇存之。

宰予聞五帝德，不著少昊，史記亦不載，然左傳郯子曰，我高祖少昊。摯之立也，鳳鳥適至，故紀于鳥爲鳥師，而鳥名敍在黃帝之後，則少昊繼黃帝無疑。班書曰：少昊帝老德曰清。清者，黃帝子清陽也。是少昊以子繼父，然神功不傳，故五帝德不及。易則並顓頊高辛不載，以神靈不比黃帝堯舜也。此詳民功，少昊無可傳，故不書，以顓頊帝嚳附焉。

黃帝產昌意，昌意產高陽，是爲帝顓頊。黃帝產玄囂，玄囂產蟜極，蟜極產高辛，是爲帝嚳。大戴禮高辛于顓頊爲族子。

馬氏宛斯曰：五帝之世，以公天下爲心，非至德不足以治天下，非得至德之人不敢授以天下。是以高辛高陽咸起支考，又必試以官職，詢事考言，乃登大位，故曰，五帝官天下。官天下者，以天下爲公器，惟賢是擇。少昊之後，無足嗣帝位者，而顓頊有至德。顓頊之後，無足嗣帝位者，而嚳有至德。有至德者登大位，以其賢也，非以其親也，故近不嫌于傳子，黃帝少昊是已，外不妨于異姓，堯舜是也。

顓頊帝春秋外傳曰：少昊之衰，九黎亂德，顓頊受之，乃命重黎。漢書帝王世紀曰：平九黎之亂，以水事紀官，南正重司天，以屬神，北正黎司地，以屬民，于是民神不雜。

男女之別，嚴于顓帝，實起于黃帝。蓋自黃帝辨姓，尊男抑女，以男爲主。顓頊修黃帝之法，而益謹之，自此百世，婦人不以才顯，不預外事。蓋自伏羲首畫陰陽，已寓坤道無成之教。黃帝制禮，始于謹夫婦、爲宮室、別内外，爲中國立教之大義也。

帝顓頊高陽者，黃帝之孫，而昌意之子也。靜淵以有謀，疏通而知事，養材以任地，載時以象天，依鬼神以制義，治氣以教化，絜誠以祭祀。北至于幽陵，南至于交阯，西至于流沙，東至于蟠木，動靜之物，大小之神，日月所至，莫不砥屬。史記。

祭祀之盛，蓋莫盛于上古，其民至愚，凡木石之怪，莫不神焉，石言神降與人相雜者也。後聖通于幽明之故，鬼神之情狀，然以義制之，絕地天通，然後秩其功德，追其祖考，定祭典法。老子曰：以道治天下者，其鬼不神，此之謂也。今印度神白牛，呼之爲父，南洋神象，蓋猶太古之風也。中國屢閱神聖，祭法大定，經義至明，而巫覡異道，惑我愚民，大爲猴王、馬王、牛王、真武、觀音、金花之祀，廟宮徧于宇內，香帛塞衢路，牲豚酒黍之費，過于大官。卽若士夫通古今，明物類，辨義理者，以其科第之徼，奉一不神不鬼之文昌，輕佻奇詭之魁星。凡郡邑之公館，必舍其先賢先師而嚴供之，歲時嚴衣冠而鞠𦚾拜獻之，文昌且有秩于祀典，立宮于郡邑之學，舉國若狂，其愚與生番無異，而又非無所知識也，其悖禮傷教，可恨甚矣！夫顓頊生太古之時，而能制鬼神之義，絕人神之雜，後儒學于羣聖，積數萬千年之講明，而反惑之，是誰之咎歟？

東至于蟠木，蟠木呂覽所謂摶木，又曰攢木之所，今吉林黑龍江之老林窩集也，六朝隋唐史所謂沃沮也。其地有太古之木，高萬千丈，其林數千里，爲人跡所不通，落葉積地，深盈數丈，雨露濡浸，閼不流宣，淤爲深淖，人馬竝沒。顓頊承黃帝之威靈，舟車文字，已能徧服之，其德遠矣。國朝自雅克薩定盟之後，以外興安嶺爲界，精奇里江、哈滾江之流，及庫頁島、費哲等部，咸歸我有，實撫有蟠木全境。萬里天險，誰能飛渡，且其材木之多，用不勝用，則亦我之天府也。用事者上不念祖宗締造之艱，下不察天險美材之用，輕以蟠木割與强俄。咸豐八年，割混同江以北四千里，及庫頁島二千里與之。十年，又割烏蘇里以東二千里與之。同治十二年，又割穆棱河至圖們河千餘里與之。今俄人內則卡倫百餘環伺，京外則琿春開埠，近臨高麗。昔也日闢國百里，今也日蹙國百里，詩人歎之，況蹙國萬里者哉？且自厥初生民以來，寧有以方地萬里，坐割與人者乎？今與京數百里外，卽爲興域〔一〕，高麗日告釁，東三省須用重兵以鎮之，根本震動，朝廷東

〔一〕「興域」，疑爲「異域」之誤。

顧宵旰爲憂，汲汲無術，而天下方領矩步之士，從容臣披胡氏一統之圖，按朔方備乘之書，猶不思割璽之故，以生其憤心，而令强夷坐大。詩云：誰生厲階，至今爲梗，豈不痛哉！嗚呼，爭區區邊遠之伊犂，而忘逼近數千里之蟠木，不早爲計，而待俄人鐵路縱橫于蟠木之間，恐蟠木之區，動靜之物，小大之神，不獨非我有，並非我所能望見也。

高辛生而神靈，自言其名，普施利物，不于其身。聰以知遠，明以察微，順天之義，知民之急，仁而威，惠而信，修身而天下服。取地之財而節用之，撫教萬民而利誨之，曆日月而迎送之，明鬼神而敬事之。其色郁郁，其德嶷嶷，其動也時，其服也士，帝嚳溉執中而徧天下，日月所照，風雨所至，莫不從服。史記。

帝嚳曰：德莫高于博炁（愛）人，而政莫大（高）于博利人，故政莫大于信，治莫大于仁，吾愼此而已。新語〔一〕。

按，帝嚳之言，以博利人爲主，史記稱其普施利物，不于其身，祭法稱其明民共財。高辛至仁，下開堯禹，其民功應不鮮，而文不徵，惜也。

帝嚳命咸墨作爲聲歌，九招九列六英，有倕作爲鼙鼓鐘磬，吹苓管壎，箎鞀推鐘。帝嚳乃令人抃或鼓□擊磬吹苓展管箎。帝王世紀。

曰若稽古帝堯，曰放勛，欽明文思安安，允恭克讓，光被四表，格于上下。克明峻德，以親九族；九族既睦，平章百姓；百姓昭明，協和萬邦，黎民於變時雍。書。

〔一〕「新語」，爲「新書」之誤。

此爲後世義理德行之祖，大學衍義僅能發揮其義，此雖采民功，然帝範有本，故特敍之。

堯之有天下也，非貪萬民之富，而安人主之位也。以爲百姓力征，强凌弱，衆暴寡，于是〔堯〕乃身服節儉之行，而明相愛之仁，以和輯之。是故茅茨不翦，采椽不斲，大路不畫，越席不緣，太羹不和，粢食不毇，巡狩行教，勤勞天下，周流五岳。豈其奉養不足樂哉？擧天下而以爲社稷，非有利焉。年衰志憫，擧天下而傳之舜，猶卻行而脱屣也。淮南子。

帝堯曰：吾存心于先古，加意（志）于窮民，痛萬姓之罹罪，〔憂〕衆生之不遂也。故一民或饑，曰此我之饑也；一民或寒，曰此我寒之也；一民有罪，曰此我陷之也。仁行而義立，德博而化富，故不賞而民勸，不罰而〔民〕治，先恕而後行，是以德行（音）遠也。新書。

堯之治天下也，舜爲司徒，契爲司馬，禹爲司空，后稷爲大田師，奚仲爲工。其導萬民也，水處者漁，山處者木，谷處者牧，陸處者農；地宜其事，事宜其械，械宜其用，用宜其人。澤皐織網陵阪耕田，得以所有易所無，以所工易所拙，是故離叛者寡，而聽從者衆。文子。淮南子同。

民知室居食穀，而未知功力，于是后稷乃列封疆，畫畔界，以分土地之所宜。闢土殖穀，以用養民，種桑麻，致絲枲，以蔽形體。當斯之時，四瀆未通，洪水爲害，禹乃決江疏河，通之四瀆，致之于海，大小相引，高下相受，百川順流，各歸其所，然後人民得去高險，處平土。川谷交錯，風化未通，九州絶隔，未有舟車之用，以濟深致遠，于是奚仲乃撓曲爲輪，因直爲轅，駕馬伏（服）牛，浮舟仗楫，以代人力；鑠金鏤木，分苞燒殖，以備器械。于是民知輕重，好利惡難，避勞就逸。于是皐陶乃立獄制罪，懸賞設罰，異是非，明好惡，檢奸邪，消佚亂。新語。

堯遭洪水，民治居水中，高土曰九州。說文。

乃命羲和，欽若昊天；曆象日月星辰，敬授人時。分命羲仲，宅嵎夷，曰暘谷。寅賓出日，平秩東作。日中、星鳥，以殷仲春。厥民析，鳥獸孳尾。申命羲叔，宅南交。平秩南訛；敬致。日永、星火，以正仲夏。厥民因，鳥獸希革。分命和仲，宅西，曰昧谷。寅餞納日，平秩西成。宵中、星虛，以殷仲秋。厥民夷，鳥獸毛毨。申命和叔，宅朔方，曰幽都。平在朔易；日短星昴，以正仲冬。厥民隩，鳥獸氄毛。帝曰：咨汝羲暨和。朞三百有六旬有六日，以閏月定四時成歲。允釐百工，庶績咸熙。書。

曆象之學，始于羲炎帝，分八節，以紀農功。黃帝迎日推策，造律呂，作甲子。少昊命鳥師以司分至啓閉，顓頊建孟春，以爲曆元。至堯謫命疇人，尤加之意，暘谷、幽都以求里差，星鳥、星虛以求歲差，然其至意所存，非以求天學之精也，以授人時也。欲使民皆知時，至大至易，莫如視月，而月數之多少，歲歲不同，于是創爲閏月，定時以成歲功。蓋曆學彌繁，而民時易見矣。夫自少昊以後，分至啓閉既明，堯何難爲沈括之法兼舍月紀，以二十四節分紀三百六旬又六日哉？然無如窮民闢遠，冥于曆數者多，若舍去可指之月，而冥求于繁重之曆，豈所以便民利用乎？詩曰：四月維夏，六月徂暑。又曰：一之日觱發，二之日栗烈，一之日于耜，二之日舉趾。一之日言日紀于陵，復鑿冰冲冲，于是小民皆能以月紀農功，便之至也。曆法以月道之行爲難算，合于日爲難準，故有經朔平朔定朔之法，而先聖必不肯以曆學之難，而改便民之政也。今泰西曆以日爲主，棄月不紀，曆法簡矣。而不能不爲十二月以紀時，既無以便民，則何如立閏以成歲哉？回曆有太陽太陰之別，太陽以紀歲，太陰以授時，轇葛難分，顧此失彼，令民繁亂，然後知先聖置閏之精也。若使器藝徧行，人通天學，家擅曆算，則授時之法，無待王者，則又奚不可哉？前聖後聖，不相師而相成，要于利物前民而已。

帝堯立，乃命質爲樂，質乃效山林谿谷之音以歌，乃以麋輅置缶而鼓之，乃拊石擊石以象上帝玉磬之音，以致舜百獸，瞽叟乃拌五絃之瑟，作以爲十五絃之瑟，命之曰大章，以祭上帝。呂氏春秋。

當堯之時，天下猶未平，洪水橫流，泛濫于天下！草木暢茂，禽獸偪人，獸蹄鳥跡之道，交于中國。舜使益掌火，益烈山而焚之，鳥獸逃匿。孟子。

堯舜之王，所以化海內者，北用禺氏之玉，南貴江漢之珠，其勝禽獸之仇，以大夫隨之。令諸侯之子，將委質者，皆以雙武之皮，卿大夫豹飾，列大夫豹幨，大夫散其邑粟與其財物，以市虎豹之皮，故山林之人，刺其猛獸，若從親戚之仇，此君冕服于朝，而猛獸勝于外，大夫已散其財物，萬人得受其流，此舜堯之數也。管子。

堯之時，十日竝出，焦禾稼，殺草木，而民無所食。猰貐、鑿齒、九嬰、大風、封豨、修蛇，皆爲民害。堯乃使羿誅鑿齒于疇華之野，殺九嬰于凶水之上，繳大風于青丘之澤。上射十日，而下殺猰貐。斷修蛇于洞庭，擒封豨于桑林，萬民皆喜。置堯以爲天子，于是天下廣狹險易遠近，始有道里。淮南子。

人類未生之先，天下爲鳥獸之世界，人類漸出，遭鳥獸之害多矣。代經炎農，百法創舉，人道强矣，而鳥獸猶繁，于是與鳥獸争此天下。至堯時，人治數百年矣，而猶勤于驅獸之政，凡以安民衍人也。淮南十日之説雖誕，而通道賴于驅獸，則斷可信也。今雲南猓夷之界，有野人焉，隔絶印度、緬甸之交，不過數百里，而莫能知其廣狹險易也。瓊州生黎隔絶于五指之山，而東西不能洞出入也。東三省之老林窩集，奥大亞之内地，皆爲草木鳥獸宅處其間，莫能知其遠近險易也。索額圖奉命盟俄，區區雅克薩，道至近也，時未置驛，至外喀爾喀車臣部，不免迷道而返，竟與二千年前李廣同之。北魏之先世，推寅遷徙大澤沮洳中，朞年不得出，卽今色楞格河北地也。九祖之下，印度所謂風災鬼難之區，頭痛身熱之故，而今縣度有數處，有入廓爾喀者，有入克什米爾者，遠近廣狹略可知也。達摩自印度東來，自謂泛海七萬里。史天澤之征爪哇，謂去中國二十八萬里。而今則孟加拉、噶留巴，其道里皆按圖可識也。故能精造舟車，刳木驅獸，則天下之道里，盡可得而稽，不然則終古常閉閼不達可也。且夫先聖之驅猛獸，非徒鶩闢地也，將以自護吾民也。人之愛其同類，而惡夫異類之肆其毒，此自然之理也。聞英人遏徒烈克以印度壤地廣莫，深林密菁，多毒蛇猛虎，行旅阻塞，歲斃六萬人，而野獸山禽之傷人者不可數，請申驅獸之賞，獨用先聖之政。故爲人治者，必治猛獸，將來數百年後，猛獸必盡，然後大獸世界乃滅，此亦地之大運會也。觀此而知聖人之食肉衣皮，實爲守古之義，盡人之仁，而非佛氏之孑孑煦煦所能知也。説文，仁並偶人也。然則，仁止于民，不及于禽獸，其爲古義也。

歷山之農者侵畔，舜往耕焉，朞年甽畝正；河濱之漁者争坻，舜往漁焉，朞年而讓長；東夷之陶者器苦窳，舜往陶焉，朞年而器牢。仲尼歎曰：耕漁與陶，非舜官也，而舜往爲之者，所以救敗也。舜其信仁乎？乃躬耕處苦而民從之。故曰：聖人之德化乎？韓非子。

堯知子丹朱之不肖，不足授天下，于是乃權授舜，則天下得其利，而丹朱病；授丹朱則天下病，而丹朱得其利。堯曰：終不以天下之病而利一人，而卒授舜以天下。韓非子。

帝嚳之學，以博愛人博利人爲高，普施利物，不于其身。堯加意窮民，痛萬姓之罹罪，憂衆生之不遂，蓋以仁爲衆學，不于其身，奚有其子？以利天下爲重，史謂之其仁如天也。孔子所謂惟天爲大，惟堯則之也。莊子稱堯不敖無告，不廢窮民，若死者嘉孺子而哀婦人，此吾所用心已。莊子雖多寓言，此必有傳夫。

帝曰：咨！四岳。朕在位七十載，汝能庸命，巽朕位？岳曰：否。德忝帝位。曰：明明揚側陋，師錫帝曰：有鰥在下，曰虞舜。帝曰：俞，予聞，若何？岳曰：瞽子，父頑，母嚚，象傲，克諧以孝，烝烝乂，不格姦。帝曰：我其試哉，女于時，觀厥刑于二女，釐降二女于嬀汭，嬪于虞。愼徽五典，五典克從；納于百揆，百揆時序；賓于四門，四門穆穆；納于大麓，烈風雷雨弗迷。帝曰：格汝舜，詢事考言，乃言底可績，三載，汝陟帝位，舜讓于德，弗嗣。正月上日，受終于文祖。書。

孝廉之選，始于漢董仲舒之議，吾友陳慶笙謂始于堯之舉舜。誠哉！其精于經義也。後世患不知賢，知賢矣，則有資格以限之。至於髮敝齒落，乃登大位，則精氣頽隕，不足任事矣。堯之任舜，以孝舉之，知之于桑陰之頃，卽引以帝□之親，其在今官制，立授禮部尚書爲軍機大臣，兼總署大臣出辦開墾事。

嗚呼！聖之知聖，越絶千古，此其爲聖之盛也夫，此其爲治之至也夫！後世卽有賢聖拔出，科舉格之，冗散滯之，年勞絀之，若無彭祖之壽，太公之年，而望預聞政事，不可得也。使舜生其間，其不以田間老也幾希。而有國者號曰無才無才，其然豈然乎？不變敝法，而望希堯舜之治，猶卻行而求進，北轅而之楚也。

堯欲傳天下于舜，鯀諫曰：不祥哉！孰以天下而傳之于匹夫？堯不聽，舉兵而誅殺鯀于羽山之郊。共工又諫曰：孰以天下而傳之匹夫乎？堯不聽，又舉兵而誅共工于幽州之都。于是天下莫敢言無傳天下于舜。仲尼聞之曰：堯之知舜之賢，非其難者也，夫至乎誅諫者，必傳之舜，乃其難也。一曰：不以其所疑，敗其所察，則難也。韓非子。

傳天下，大事也，用才臣，難事也，疑謗並至，易惑也。堯能誅讒去謗，獨斷而授之，無私天下之心，而極知人之明也。後世用監軍，設監司，既用一人而頻掣其肘，豈足以爲治乎？益曰，任賢勿貳，去邪勿疑，旨哉！鯀、共工不欲帝舜，當時實事，正可補經之闕，不必泥孟子之朝覲皆歸也。

在璿璣玉衡，以齊七政。書。

渾天儀之始也。鄭氏曰：璿璣玉衡，渾天儀也。

肆類于上帝，禋于六宗，望于山川，徧于羣神。書。

百祀之法也。六宗，上下四方之宗。月令祈年于天宗，今歐陽夏侯說上下及天，下不及地，傍不及四時，居中央，恍惚無有神助，殆卽方明之制。必求其實，則王氏據祭法祭時、祭寒暑、祭日、祭月、祭星、祭水旱，近之徧于羣神，孔傳古之聖賢皆祭之是也。

輯五瑞，既月，乃日覲四岳羣牧，班瑞于羣后。書。

頒符信，設朝會之始也。

歲二月，東巡守，至於岱宗，柴，望秩于山川。肆覲東后。協時月正日；同律度量衡。修五禮，五玉、三帛，二生，一死，贄。如五器，卒乃復。五月，南巡守，至於南岳，如岱禮。八月，西巡守，至于西岳，如初。十有一月，朔巡守，至于北岳，如西禮。歸，格于藝祖，用特。五載一巡守，羣后四朝，敷奏以言，明試以功，車服以庸。書。

鄭曰：度丈尺，量斗斛，衡斤兩。馬曰：五禮，吉凶軍賓嘉也。舜所至，正之修之。今一國之市量衡不同，士庶之家，吉凶殊禮，廢墜極而有司不舉，修正無聞，作僞日繁，俗日乖薄，其亦異于舜矣！所以然者，以天子深處九重，不知草野利弊，不知小民疾苦，不出巡故也。文中子曰：舜一歲而巡四岳，兵衛少而徵求寡也。若後世，則方伯出巡，日費千金，使天子敷出，則鹵簿之繁，供億之重，又病民矣。明誠以功者，入其疆，土地闢，田野治，養老尊賢，俊傑在位也，惟天子出巡視見而後知之。後世天子重如大神，尊如天帝，上下隔絕，是以度量多舛，五禮敗壞，郡國殿最不實。欲法舜者，其在紆尊降貴，而後周行郡國田野。其有此乎？

肇十有二州，封十有二山，濬川。書。

今天下有水患，而河爲尤劇，公私之費匱竭。北自燕齊，南曁美越及吾粤，皆當大川下流，亦日苦之，咸以築堤爲事。然而堤日益增，水日益高，展轉無已時，救補無善術。天子憫之，以時發帑賑，仁人君子良有司蒿目而坐視之。吾粤之南海人也，吾鄉當牂柯萬里之洪流，吾宅于樵山之北，又宅靈洲山以東。長夏稼熟，霖雨緜旬，怒濤驟奔，一日千里，忽漲尋丈，巡堤嚴防，冠蓋相望，數夜相接，荷畚如雨，負土如雲，婦駭震驚，中夜數警。已而奔浪橫流，潰堤漫防，罨畫桑田，頓成滄海，舟檝繫于木材，童稚號于屋梁。吾奉命于後山，棲身于茅茨，族隣奔來，流離瑣尾。其鄉無山者，灌沸于屋上，莫可避遁，壯者緣木，幼者嬉盤，老弱轉死，不可勝數。歲歲遭此，其不逢者幸也。粤累世夷患，海口頓塞，諸門之口，沙田壅之，故水之去也，及□而送之，則蛇龍窟于屋室，莓苔澤于屋角，昏墊惡湫。婦子除居，厥患濕疾，禾稻既没，無可爲食，修堤增費，派累千億，寡婦寸土，靡所告息。吁嗟天乎！誰極其極？夫積流千年，沙泥是積，不濬而防，厥患癒亟，聖舜濬川，高哉厥識。若使合修堤之費而濬川，財至足也；合被災之人而謀濬，才至足也；購機器以取泥，法至巧也；救生民于墊溺，德至厚也。而仁人未聞留意，則經義之不足明也。經義之用至大，而學者乃求之蠹文瑣義，則所謂棄郤甜桃樹，沿山摘醋梨也。大哉舜乎！訖漢唐千年而無水患，濬之爲利也。修舜之功，仁人之事也。

象以典刑，流宥五刑，鞭作官刑，朴作教刑，金作贖刑。眚災肆赦，怙終賊刑。欽哉，欽哉！惟刑之恤哉！（書荀子曰：古無肉刑，而有象刑。墨黥；慅嬰；共，艾畢；菲，對屨；殺，赭衣而不純。漢書刑法志曰：禹制肉刑，湯武順而行之者，以俗薄于唐虞故也。尚書大傳唐虞象刑，犯墨者蒙帛巾，犯劓者赭其刑，犯臏者以墨蒙其臏處而畫之，犯大辟者布衣無領。慎子：有虞氏之誅，以幪巾當墨，以草纓當劓，以菲屨當刖，以艾韠當宮，布衣領當大辟。白虎通：五刑，五常之鞭策也。周禮：以鄉八刑糾萬民，不孝之刑，不睦之刑，不婣之刑，不弟之刑，不恤之刑是也，舜之輕刑罰而重倫常如此。若金作贖刑，則貧富不均矣。然後世鬻官以金，而使官方濫污，何如此作贖刑乎？

詢于四岳，闢四門，明四目，達四聰。咨十有二牧，曰：食哉，惟時！柔遠能邇，惇德允元，而難任人，蠻夷率服。舜曰：咨！四岳。有能奮庸，熙帝之載，使宅百揆，亮采惠疇？僉曰：伯禹作司空。帝曰：俞！咨禹，汝平水土，惟時懋哉。禹拜稽首，讓于稷、契，暨皋陶。帝曰：俞，汝往哉！帝曰：棄！黎民阻飢。汝后稷，播時百穀。帝曰：契，百姓不親，五品不遜。汝作司徒，敬敷五教，在寬。書。

古之敷教在寬，自宋儒後，敷教在嚴。至于後世，稍自好者，目以道學，爲人詬病，若行若有失，輒以僞學目之，相共非毀。于是爲學者，必當一蹴而爲聖人然後可，于是人皆憚其難也，相與遁于教外，樂縱其身，而操攻人之柄，教乃大壞，不可復振。故以寬爲教，人皆歡愉而樂于爲善；以嚴爲教，中人憚而不勉；適以便小人，此亦君子所宜深思也。

帝曰：皐陶！蠻夷猾夏，寇賊姦宄。汝作士，五刑有服，五服三就；五流有宅，五宅三居；惟明克允。帝曰：疇若予上下草木鳥獸？僉曰：益哉！帝曰：俞！咨益，汝作朕虞。益拜稽首，讓于朱虎、熊羆。帝曰：

俞，往哉；汝諧。帝曰：咨，四岳！有能典朕三禮？僉曰：伯夷。帝曰：俞！咨伯，汝作秩宗，夙夜惟寅，直哉惟清。伯拜稽首，讓于夔、龍。帝曰：俞，往欽哉！帝曰：夔，命汝典樂，教胄子。直而温，寬而栗，剛而無虐，簡而無傲。詩言志，歌永言，聲依永，律和聲，八音克諧，無相奪倫，神人以和。夔曰：於！予擊石拊石，百獸率舞。（書。）

近世學術，大端有朱王之二派，一在格物理，一在致良知，二者皆託于大學，而自以爲先聖之學。傳其緒者，相攻若寇敵，余以爲皆非也。大學出自戴記，不可遽信爲先聖之言。吾會諸經而考之，知古之胄子，皆隸于樂官。所以隸于樂官而不隸于司徒之教三禮之典者，專以變化氣質爲學，而不以博通禮文度數爲尚，亦並不以踐履敦篤爲難。何也？蓋德成爲上，行成次之，威儀爲下。變化氣質者，德也；踐履敦篤者，行也；三千三百名物度數，學之下也。古者司徒總教于上，司諫司救督之于下，其不率教，則不孝不友，不任不恤之五刑隨之，其迪教則六行舉之，里胥閭長，皆學人也，相與督察之。當是時，殆無不修行者，不待陸子之矜矜言踐履也。若夫名物度數之繁，王制、聖道、鬼神、星卜、醫藥、物怪、蚰虫、草木，各有專官，咸世其業，書存于府，吏爲其師，胄之公卿子弟及凡民俊秀，卽百司之官且吏也，既已各守父師之業，自能講求，而後選而入于大學，則大學無事重教之也。且大學之師，于百官之業，不能相通，百司之書，不能盡見，亦無以教之也。譬稷子之習于農學，伯夷子之習于禮學，益子之習于虞學，垂子之習于工學，此皆公卿之子充補胄子者。若以其專家世守，豈夔龍能教哉？然則先聖專重樂官，以教胄何也？凡教于樂正者，皆修于行，通于學，英敏特達之人，將備卿大夫士之選，爲國政民命之所託者也。凡天下貴人、才人、學人，皆有踸踔過人之質，多豪宕偏激、敖岸驕矜之氣者也。上人之所以爲人，血氣成之，緩急剛柔靜躁寬猛，毗陰毗陽，各有所偏，雖性行高美之賢，未有能免之者也。孟子曰：伯夷隘，柳下惠不恭。孔子曰：求也退，由也兼人。又曰：參也魯，師也辟，由也喭。以此諸言，未能中和也。張南軒謂，晦庵氣質英邁剛明，未免偏隘。若朱子於唐仲友之事，疾惡太嚴，所謂偏隘也。范文正之高節遠志，而與魏公事，拂袖而去，所謂激也。謝上蔡二十年絕欲，陸子靜直明本心，而朱子謂其氣質用事，尚須磨礱，去圭角，浸潤見光精。又謂，看來人全是氣質，以此知氣質之害乎，爲聖者所難也。周子曰：聖人可學乎？曰：一。一者何？曰無欲。周子以爲無欲即聖，不知尚隔氣質一層也。無欲高行之人，自信過甚，自待太尊，其自用其氣質較甚于常人也。若夫才士而未嘗學道者，其氣質之偏激益甚矣。昌黎登華山而長號，待縣令縋縣而後下。皇甫持正忿蒼蠅，則拔劍以逐之；食雞卵墜地，取之不得，以履踏之；使其子作字，誤，以口齧其肩。王琨度量之寬，而米鹽醬醋悉挂屏風，手自贖與。和嶠忠烈，而有錢癖。王陽清介，而服飾鮮明。盧杞貪奸，而食豆粥。鮮于□食糲衣粗，而身死之日，庫有革履二萬。沈迪有疾，輒訊囚決數十則疾復。若此者，古今迨不可更僕數也。夫以國政民命所託之重若彼，矯激敖漫之偏如此，此先聖之所深患也。思矯其患，防其偏，計無有出于聲樂也。安之絃縵，作之金石，動之羽旄，以和其血氣，動其筋骸，固其肌膚，肅其容節。使其血氣不和，絃縵見之，容節不和，羽旄見之，肌膚不和，金石見之。動志而有，發言而有，律焉，諧焉，舉足而有節焉；漫之濡之，涵之潤之，待其渙然釋，怡然順，體與樂和，志與氣平，藹然而中和，琅然而清明，剛柔緩急，悉劑其稱，則學之成也。其言曰：直而温，寬而栗，剛而無虐，簡而無傲。皆就氣質相反者成之，將欲樂移變之也。皐陶之言九德，箕子之言三德，皆變化氣質之學也。周正以樂正屬于宗伯，其隸官既不如唐虞矣，然國子猶隸于司樂，春秋合舞合聲，弦誦鼓歌，行以肆夏，趨以采齊環拜，節以鐘鼓。自十三舞勺，十五舞象，二十舞大夏，養自童幼，使習貫若自然，積之十年，而後學禮，故氣質成而容止成也。又大胥掌學士之版，以待致諸子，鄭司農謂學舞者版籍，似各小學各有所學，以時徵入大學而爲舞也。孔子曰：興于詩，立于禮，成于樂。又曰：小子！何莫學夫詩？謂子鯉曰：女爲周南召南矣乎。蓋古大學之遺教也。周衰樂亡，漢興制氏僅能得其鏗鏘鼓舞，而樂不可復興。漢大樂律，宗廟之酎，降吏二千石到六百石，及關内侯到五大夫子，先取適子，高七尺以上，年十二到三十，顏色和順，身體修持者，以爲舞人，略如今制命生之法，則文具徒存，無復實事，而學校無復有樂。于是房中之歌、鐃歌、鼓吹雜曲，自爲樂府，不入學官。其流以龜茲夷樂，易我和聲，遂爲梨園百戲，淫艷歌舞之事，爲周人淫聲過聲聲慢聲聲禁。俳優捐伎所習，學士人所不齒不道，嚴夫志士，聲弦歌樂舞，則逃而走避，惡而深絕之，樂遂永絕于學。而琴瑟鐘石惟施于朝廷，士人未登朝者，白首不得一聆，朝士歲士一聞之，而樂官率不解音律，舛逆陵犯，失其和節。士大夫雖久于京朝，老于文學，深于掌故者，求其兼知樂學，百不一二，更累千年。于是樂非徒不習于學，且中絕于天下。夫以堯舜承黃帝百年草昧之治，而樂學已精，今承四千年之文教，而樂學中絕，使後才賢難成，風俗難美，誰之罪也夫！誰之罪也夫！有志者豈不欲興之？與之豈遂無術？夫樂學不興，而爲朱陸之憤争，終爲後世之學，而無當于先聖，豈亦世變之不得已乎？

禹曰：於！帝念哉。德惟善政，政在養民。水、火、金、木、土、穀，惟修。正德、利用、厚生，惟和。九功惟敍，九敍惟歌，戒之用休，董之用威，勸之以九歌，俾勿壞。皋陶曰：帝德罔愆，臨下以簡，御衆以寬。罰弗及嗣，賞延于世。宥過無大，刑故無小。罪疑惟輕，功疑惟重。與其殺不辜，寧失不經。好生之德，洽于民心，兹用不犯于有司。（書。）

帝曰：來，禹！汝亦昌言。禹拜曰：都，帝！予何言？予思日孜孜。皋陶曰：吁！如何？禹曰：洪水滔天，浩浩懷山襄陵，下民昏墊。予乘四載，隨山刊木，暨益奏庶鮮食。予決九川，距四海，濬畎澮，距川。暨稷播奏庶艱食、鮮食。懋遷有無化居，烝民乃粒，萬邦作乂。皋陶曰：俞，師汝昌言。帝曰：臣作朕股肱耳目，予欲左右有民，汝翼。予欲宣力四方，汝爲。予欲觀古人之象，日、月、星、辰、山、龍、華、蟲，作會，宗彝、藻、火、粉米、黼黻、絺繡，以五采彰施于五色，作服汝明。予欲聞六律、五聲、八音，在治忽，以出納五言，汝聽。（書。）

人道求美所謂治者極矣而已。自軒轅制作日變，太古樸陋，冕裳初制，至唐虞百年，已有日、月、山、龍、宗彝、藻、火之會編；伶倫截竹，遽有六律五聲八音之繁會，求美也。治世所以異于太古，中國所以異于夷狄者也。後儒黜歌舞之淫，而絶聲樂之事，矯奢靡之習，而以敝車羸馬爲賢，此不明人道之所以然，而爲矯枉之過也。儒者莫不非墨，而非樂尚儉則固見尊于儒矣，此大惑也。先聖曰，矯太古樸陋之俗，而後儒力欲復之，文治所以不修，而儒者之陷於莊墨，而不自知也。孔子緇衣羔裘，素衣麑裘，黃衣狐裘，猶舜志也。然禮有樂有文，若無其樂，而徒司其文，又豈先王志哉？

禹曰：俞哉，帝！光天之下，至於海隅蒼生，萬邦黎獻，共惟帝臣。惟帝時舉，敷納以言，明庶以功，車服以庸。誰敢不讓，敢不敬應？帝不時敷，同日奏，罔功。無若丹朱傲，惟慢遊是好，傲虐是作，罔晝夜頟頟，罔水行舟，朋淫于家，用殄厥世。予創若時，娶于塗山，辛壬癸甲，啓呱呱而泣。予弗子，惟荒度土功，弼成五服，至于五千；州十有二師；外薄四海，咸建五長。各迪有功，苗頑弗卽工。帝其念哉。（書。）

夔曰：戛擊鳴球，搏拊琴瑟以詠，祖考來格；虞賓在位，羣后德讓。下管鼗鼓，合止柷敔，笙鏞以閒；鳥獸蹌蹌。簫韶九成，鳳凰來儀。帝庸作歌，曰：勑天之命，惟時惟幾。乃歌曰：股肱喜哉，元首起哉，百工熙哉。皋陶拜手稽首，颺言曰：念哉！率作興事，愼乃憲，欽哉！屢省乃成，欽哉！乃賡載歌曰：元首明哉，股肱良哉，庶事康哉！又歌曰：元首叢脞哉，股肱惰哉，萬事墮哉！帝拜曰：俞，往欽哉！（書。）

古者君臣以養民爲事，所以辨上下者，以臨長百姓，而輕重布之，先王非有賴焉。故其朝也，君南面而立，臣北面而朝之，臣北面而拜，君答拜之，所辨者南北面而已。皋陶作歌，帝乃拜其昌言，闢門明目，其君臣相與，幾若賓友，此所以下情罔伏，無有鬱滯閉閼之患，唐虞所以致治也。垂及商周，此義未忘。至申不害，以奸詭賤困之人，媚其時主，以久富貴，倡爲尊君抑臣之論，而秦乃得大變先王之制，以自尊大，于是君臣隔絕矣。然漢制皇帝見丞相坐爲之起，乘車爲之下輿，猶有禮敬大臣之意。至隋唐而又一變矣，然君臣猶得共坐以謀事。迄宋，范質以周宰相嫁于藝祖，便佞無恥，曲爲恭謹，以自容悅，辭不敢坐，于是並坐鼓簧之義廢矣。然猶得立侍，故宋大臣多能力争天子之庭。暨元，以戎功之盛控世，乃以軍容入國，羣臣皆長跪白事。于是臣下見上，戰慄畏謹，不敢一言，有對而無論，有唯而無議。大臣如是，小臣可知，于是下情大有壅隔之患。譬如痛膈，血氣不能通于上焦，飲食不能降于下腹，則元首雖清明，必將患絶而死。此則申不害范質辱人賤行之所貽禍，而秦皇元祖自尊之流毒也。知其病而欲瘉之，則服舜困以藥之。

維元祀巡狩，四岳八伯壇四奥，沈四海，封十有二山，兆十有二州。樂正定樂名，元祀代泰山，貢兩伯之樂焉。東岳陽伯之樂舞侏離，其歌聲比余謡，名曰晳陽。儀伯之樂舞鼚哉，其歌聲比大謡，名曰南陽。中祀大交霍山，貢兩伯之樂焉。夏伯之樂舞謾或，其歌聲比中謡，名曰初慮。義伯之樂舞將陽，其歌聲比大謡，名曰朱干。秋祀柳穀華山，貢兩伯之樂焉。秋伯之樂舞蔡俶，其歌聲比小謡，名曰苓落。和伯之樂舞玄鶴，其歌聲比中謡，名曰歸來。幽都祀弘山，貢兩伯之樂焉。冬伯之舞齊落，歌曰縵縵。弁論八音四會，歸格于禰祖用特，五載一巡狩，羣后德讓貢正聲，而九族自成。雖禽獸之聲，猶患關于律樂者，人性之所自有也。故聖王巡十有二州，觀其風俗，習其性情，因論十有二俗，定以六律五聲八音七始，著其素蔟以爲八，此八伯之事也；分定于五，此五岳之事也。五音，天音也。八聲，八化也。七始，天統也。尚書大傳。

舜立仰延，乃拌瞽叟之所爲瑟，益之八絃，以爲二十三絃之瑟。帝舜乃令質修九招、大列、六英，以明帝德。呂氏春秋。

帝舜彈五絃之琴，以歌南風，其詩曰：南風之薰兮，可以解吾民之慍兮，南風之時兮，可以阜吾民之財兮。尸子。

南風，孝子之詩，舜以教天下之孝。禮記。

舜彈五絃之琴而天下治，堯加二絃，以合君臣之恩也。琴清英。

有虞氏之祀，其社闢土，祀中霤，葬成畝，其樂咸池、承雲、九韶，其服尚黃。淮南子。

鑾輅，有虞之車也，有鑾和之節。禮記注。

舜作室，築牆茨屋，辟地樹穀，令民皆知去岩穴，各有家室。淮南子。

舜作瓦棺土堅。古史考。

有虞之王，燒曾藪，斬羣害，以爲民利，封土爲社，置木爲閭，始民知禮也。當是其時，民無慍惡不服，而天下化之。管子。

有虞之君天下也，使天下貢善，商周之君天下也，使天下貢財。其治天下見人有善，則如己有善；見人有惡，則如己有惡，此有虞氏之盛德也。尸子。

五明扇，舜所作也。既受堯禪，廣開視聽，求賢人以自輔，故作五明扇焉。古今注。

堯置敢諫之鼓，舜立誹謗之木。淮南子。

荀子曰：天下之好善者多矣，而舜獨以好善稱者，舜之好善一也。孟子曰：大舜有大焉，善與人同，舍己從人，樂取於人以爲善。孔子曰：舜好問而好察邇言，隱惡而揚善，執其兩端用其中于民。蓋天下莫不傳舜之好善，明目達聰，無所壅遏，下情咸達，擇善而從，天下之士，莫不樂奔告矣。燕昭好士，漢武好言，而章奏滿于公車，才俊集于金臺，豈況舜之至誠乎？若苟無好善之心，非獨閉塞賢路也，卽使下詔求之，大臣猶仰體意旨而粉飾，小臣望風而裹足矣。後世不獨無大舜好善之心，且無闢門制扇立木之迹，又何望耶！

鯀作城。世本。

禹敷土，隨山刊木，奠高山大川。冀州：既載壺口，治梁及岐。既修太原，至于岳陽。覃懷底績，至于衡漳。厥土惟白壤，厥賦惟上上錯，厥田惟中中。恒衛既從，大陸既作。鳥夷皮服，夾右碣石，入于河。濟河惟兗州：九河既道，雷夏既澤，灉沮會同；桑土既蠶，是降丘宅土。厥土黑墳，厥草惟繇，厥木惟條，厥田惟中下，厥賦貞。作十有三載，乃同。厥貢漆絲，厥篚織文。浮于濟漯，達于河。海岱惟青州：嵎夷既略，濰淄其道。厥土白墳；海濱廣斥，厥田惟上下，厥賦中上。厥貢鹽、絺，海物惟錯，岱畎絲、枲、鉛、松、怪石。萊夷作牧，厥篚檿絲。浮于汶，達于濟。海岱及淮惟徐州：淮沂其乂，蒙羽其藝；大野既豬，東原底平。厥土赤埴墳，草木漸包，厥田惟上中，厥賦中中。厥貢惟土五色，羽畎夏翟，嶧陽孤桐，泗濱浮磬，淮夷蠙珠暨魚；厥篚玄纖縞。浮于淮泗，達于河。淮海惟揚州：彭蠡既豬，陽鳥攸居；三江既入，震澤底定，篠簜既敷。厥草惟夭，厥木惟喬，厥土惟塗泥，厥田惟下下，厥賦下上，上錯。厥貢惟金三品，瑤、琨、篠簜，齒、革、羽、毛惟木。島夷卉服。厥篚織貝；厥包橘、柚，錫貢。沿于江海，達于淮泗。荆及衡陽惟荆州：江漢朝宗于海，九江孔殷，沱潛既道，雲土夢作乂。厥土惟塗泥；厥田惟下中，厥賦上下。厥貢羽、毛、齒、革，惟金三品，杶、榦、栝、柏、礪、砥、砮、丹，惟箘、簵、楛，三邦底貢厥名。包匭菁茅；厥篚玄、纁、璣組；九江納錫大龜，浮于江沱潛漢，逾于洛，至于南河。荆河惟豫州：伊、洛、瀍、澗既入于河，滎波既豬，導菏澤，被孟豬。厥土惟壤，下土墳壚，厥田惟中上，厥賦錯上中。厥貢漆、枲、絺、紵，厥篚纖纊，錫貢磬錯。浮于洛，達于河。華陽黑水惟梁州：岷嶓既藝，沱潛既道，蔡蒙旅平，和夷底績。厥土青黎，厥田惟下上，厥賦下中三錯。厥貢璆、鐵、銀、鏤、砮、磬、熊、羆、狐、狸、織皮。西傾因桓是來，浮于潛，逾于沔，入于渭，亂于河。黑水西河惟雍州：弱水既西，涇屬渭汭，漆沮既從，灃水攸同；荆岐既旅，終南惇物，至于鳥鼠；原隰底績，至于豬野；三危既宅，三苗丕敍。厥土惟黄壤，厥田惟上上，厥賦中下。厥貢惟球琳、琅玕。浮于積石，至于龍門西河，會于渭汭。織皮，崑崙、析支、渠搜，西戎卽敍。導岍及岐，至于荆山，逾于河。壺口、雷首，至于太岳。底柱、析城，至于王屋。太行、恒山，至于碣石，入于海。西傾、朱圉、鳥鼠，至于太華。熊耳、外方、桐柏，至于陪尾。導嶓冢，至于荆山，内方至于大别，岷山之陽，至于衡山，過九江，至于敷淺原。導弱水，至于合黎，餘波入于流沙。導黑水，至于三危，入于南海。導河積石，至于龍門，南至于華陰，東至于底柱，又東至于孟津；東過洛汭，至于大伾；北過降水，至于大陸；又北播爲九河，同爲逆河，入于海。嶓冢導漾，東流爲漢，又東爲滄浪之水，過三澨，至于大别，南入于江；東匯澤爲彭蠡，東爲北江，入于海。岷山導江，東別爲沱，又東至于澧，過九江，至于東陵，東迤北會于匯，東爲中江，入于海。導沇水，東流爲濟，入于河，溢爲滎，東出于陶丘北，又東至于菏，又東北會于汶，又東北入于海。導淮自桐柏，東會于泗沂，東入于海。導渭自鳥鼠同穴，東會于灃，又東會于涇，又東過漆沮，入于河。導洛自熊耳，東北會于澗瀍，東會于伊，又東北入于河。九州攸同，四隩既宅，九山刊旅，九川滌源，九澤既陂。四海會同，六府孔修；庶士交正，厎慎財賦，咸則三壤，成賦中邦。錫土姓，祗台德先，不距朕行。五百里甸服：百里賦納總，二百里納銍，三百里納秸服，四百里粟，五百里米。五百里侯服：百里采，二百里男邦，三百里諸侯。五百里綏服：三百里揆文教，二百里奮武衛。五百里要服：三百里夷，二百里蔡。五百里荒服：三百里蠻，二百里流。東漸于海，西被于流沙；朔南暨聲教訖于四海。禹錫玄圭，告厥成功。書。

世稱制作始于黃帝，文治極于堯舜，孔子亦稱黃帝堯舜氏作。考其相去之時，不及百年，何以言之？逸周書稱炎帝命少昊臨四方，此最古說，則少昊及事神農矣。黃帝在位之年不可知，帝王世紀不足據。然必長久，則少昊登位，必及耄年矣。鬻子曰：帝顓頊年十五而佐黃帝，二十而治天下也。上緣黃帝之道而行之，學黃帝之道而常之。呂覽曰：嘗得學黃帝之所以誨顓頊矣。是則顓頊嘗佐黃帝，受黃帝之誨。少昊晚暮登位，享祚無幾，故顓頊初佐黃帝，已卽繼少昊而立。鬻子爲近古之書，必有據也。卽無五年之速，而呂覽以爲受誨黃帝者，則亦相去無幾時矣。鬻子又稱帝嚳年十五而佐顓頊，三十而治天下，則帝嚳卽有耄期之壽，在位亦無幾矣。故謂黃帝堯舜相去不及百年，卽去羲農亦不過百餘年耳。史記紀年始于共和，共和以上，僅能紀世。史遷之去三代數百年，猶不能年之，豈皇甫謐生後史遷，而能明上古帝皇之紀年壽命乎？況外紀又言人人殊也。然則帝王世紀所稱伏羲一百一十年，神農一百二十年，黃帝少昊百年，顓頊七十八年，帝嚳七十年，舉不足採。若春秋明曆序神農八世，五百二十歲；尸子云七十世黃帝十世，一千五百二十年；少昊八世，顓頊二十世，三百五十年；帝嚳十世，其爲□之誕妄，殆不足辨。吾信竇子呂覽，而不信之矣。故炎黃、堯舜之間僅百年，決無疑也。

余考上古事，諸子時有荒誕，然讀典謨，敍朝覲祭祀，命官班爵，建置制度，三禮、五音、八音，及律度量衡之器，日月山龍華蟲之服，怪其去炎黃百年，草昧方闢，何以治法能美備若是？及讀禹貢，見其勤民之勞，物產之盈，益以爲怪。考其入于織造者，天產則有蠶桑、漆絲、檿絲、卉服，人工則有織文、織縞、貝、玄、纁、璣組、編紵、纖纊、織皮；開礦所得則有金、銀、銅、瑤、琨、璆、鐵、銀、鏤，礪砥、球琳、琅玕；入于內府者，則有鹽、斤、齒、革、羽、毛，熊、羆、狐狸、織皮；其好器則有鉛、松、怪石、夏翟、孤桐、蠙蛛、浮磬，海物大龜橘柚，其材木則有篠、簜、榛、榦、栝、柏、箘、簵、楛、青茅。其稅田有九品，□壤之殊，秸秷五服之異。以古經簡奧，然物產之盛衍臚陳，斑斑如是，宜其禮制之美備也。夫制作之事，萌芽於羲農，黃帝成之，至堯舜而極盛。上下百餘年間，日月無幾，而文明美善，廣大周悉如此。回視狉榛時，幾若中朝人之視野蕃也，何其變之急哉？及夏殷至周爲三代，稱中國極治，號爲至文，然僅能不失唐虞之法，未有加焉，惟有增肉刑，加兵制，重世及國義日詳，而民事漸衰息矣。至秦變法，誇軍功，重國守，自私其天下，而未嘗有二帝三王忠民之心。漢唐二千年悉用秦制，至元尤以軍容入關，于是軍功盛而民功絕，民性日愚，民生日蹙，君子蓋不忍聞之矣。夫人治一室者，始則茅茨版築，繼則雕牆畫棟；治一衣者，始則大布大帛，繼則作會絺繡。踵事增華，後來居上，乃物理之必然，不待固來而自致者也。若夫棟宇剥圮而不能修，繡采污敗而不能新，已爲敗子惰夫之所爲，至于舍華屋而卽陋室，被衣冠而坐塗炭，則爲狂疾人矣。天地之大德曰生，人之大德曰仁，吉凶與民同患，備物致用，作成器以爲利，謂之聖人，易于開物成務，與神以前民用者，諄諄言之，誠重之也。古聖所以竭其心思耳目，繁爲宫室衣服雜器禮樂法制之具，美益求美者，誠愛民之至，不敢自息也。故自羲農至堯舜所謂踵增華，才子克家，大其門閭者也。夏商至周，保家之子，不失舊物，然其弊也，已剥圮而不修，污敗而不新矣。漢唐居三代之裔國，承先聖之遺法，乃遞棄而師暴秦，則無異舍華屋而卽陋室，被衣冠而坐塗炭矣。夫黄帝堯舜以百年而大變草昧之俗，而後世聖賢豪傑，喆君英相相望，其智過于太古，其才多于三古，而又竭數千年講求之而不逮，乃去之愈甚者何哉？蓋以堯舜之神聖，既已極制作之美備，至禹則精力竭于治水之事，心思盡于唐虞之治。及其卽位，齒已垂耄，性又儉勑，復于□質，左右之才臣漸寡，不復能大有所爲，以求加堯舜之上。而其法在傳子，則所以守祖宗之法者必堅，必待易姓而後能潤色改革之。而子孫不肖多，而賢者少，賢者已不得通變宜民之道，愚者日益增其敗常紊典之事，非獨不能賢于堯舜，而壞之如肉刑者，蓋不少矣。

鬻子曰：萬世爲福，萬世爲教者，唯從黄帝以下，舜禹以上而已矣，鬻子蓋知政教之宗已。

伊尹曰：豈若使是君爲堯舜之君哉？使是民爲堯舜之民哉？近舍禹而遠稱堯舜，蓋有故矣。孔子曰：大哉堯之爲君也，巍巍乎其有成功也，煥乎其有文章。以成功文章稱堯，而惟美之德，蓋深有進退其間矣。伊尹有堯舜之心，能舉非常之事，故尊賢尚功，賢聖數作，然經緯未精，又與夏同法，故殷道無徵，不足與堯舜比烈。惟有周公聖知才美，獨能潤色其治，廣大纖悉，幾幾乎堯舜而上之。孔子曰：周監于三代，郁郁乎文哉。又曰：唐堯之際，于斯爲盛，許周公之文與堯同美。蓋堯舜之後，踵事加美，爲元宗之子者，一周公而已。然德制既盛，則尊之太至，以爲尺寸不可踰。又以傳子之故，即積久弊生，子孫不敢變祖宗之法。至于春秋，列侯並争，民日事兵，暴骨如莽，蓋軍功民功之進退消長，在此時矣。孔子有元宗之才，嘗損益四代之禮樂，于王制立選舉，于春秋尹氏卒譏世卿，又追想大同之世，其有意于變周公之制而光大之矣。既不復位，而秦以力征經營天下，以首級爲武賞，破壞先王之法籍，焚先聖之詩書，而自肆其尊己自私之法，以愚天下黔首，于今二千年，使民不蒙先王之澤，蓋自生民以來，中國之禍，未有若秦之酷毒者也。雖劉淵之入晉，耶律之入唐，金元之滅宋，方之眨矣。後世莫不惡秦之無道，而陽詈之而陰師之者，以其自尊自私之道，甚便于己，是借以愚其民也，故甘舍堯舜周公而從秦也。從秦既篤既久，以爲時制之宜，只知君國爲重乃大，以民爲輕，于是二千年來，民功遂歇絶息滅于天下。儒生志士，搜遺經墜禮于屋壁之中，時援古以黜時，得之也艱，則護之也至，去之也遠，則尊之也益甚，于是周公之治，非特無人以爲可以踰越，惟以守其一二爲難。大儒鉅學于一二典禮，出全力身命與國相争而保護之，而反致于不問。本末横決，耳目隘陋，淺夫小人日横，一漢唐之天下（如陳同甫之類）而文飾之；文夫巨子，臨深以爲高，加少以爲多，因推尊一三代之治，以爲若天之不可幾。百口萬目，咸蔽于近，同聲相應，未嘗深求生民治教所以然之故，雷同相和，隨和是非。是以守文之君，當塗之士，聰明保持者甚衆，而自私之心輕，安于所習，蔽于所近，引漢唐爲證，故終莫克振救也。我朝聖祖仁皇帝，神武睿知，以堯舜之聖德，兼周公之才藝，若變法圖治，可以駕乎三代之上，而當時大臣無風后力牧之神靈，亦無稷契伊周之才氣，僅有庸佞之李光地，託身義理者，立于其間。其心思非有負荷罪生迫切之念，其常識非有開闢宇宙恢廓之量，媕婀于身家爵位之私，步趨於宋儒時下之見。竈下之婢，窮鄉之學，井中之蛙，牀下之木，卑污愚陋，豈足與論生民所託命哉？有君無臣，自古所歎。嗟夫！此則秦之罪莫與京，塗毒數千年之民命，雖更百世，而莫之赦宥者也。雖然若是者，雖曰人事，蓋有天焉。方其盛也，天變之急，非人心所能料，人靈之敏，天若縱之，不爲限焉，黃帝堯舜百年而大治是也。及運會之衰，天若束之，人若迷之，受縛而不自覺，久迷而不自知，氣敝力盡，羸老待時。嗚呼！往復豈無其期耶？禹貢物産，以絲爲繁，兗之桑土，既蠶則有漆絲、織文；青則有鹽、絺、絲枲，檿絲、纖縞；荆則有元纁、璣組；豫則有漆絲、絺紵、纖纊。非徒諸州土産咸宜，而織造之精，後世莫過。蓋絲爲中國所獨擅，土物之大宗，其出至古，其産至繁，爲生民之大利者也。

禹乃遂與益后稷奉帝命，命百姓諸侯與人徒以傅土，行山表木，定高山大川。禹傷先人父鯀功之不成受誅，乃勞身焦思，居外十三年，過家門不敢入。薄衣食，致孝于鬼神，卑宮室，致費于溝淢。陸行乘車，水行乘船，泥行乘橇，山行乘檋，左準繩，右規矩，載四時，以開九州，通九道，陂九澤，度九山。令益予衆庶稻，可種卑溼。命后稷予衆庶難得之食，食少，調有餘相給，以均諸侯。史記。

禹抑洪水，十三年，過家不入門，陸行乘車，水行載舟，泥行蹈毳，山行即橋，以別九州。隨山浚川，任土作貢，通九道，陂九澤，度九山。然河菑衍溢，害中國也尤甚。唯是爲務，故道河自積石歷龍門，南到華陰，東下砥柱，及孟津，雒汭，至于大邳。于是禹以爲河所從來者高，水湍悍難以行平地，數爲敗，乃廝二渠以引其河，北載之高地，過降水，至于大陸，播爲九河，同爲逆河，入於渤海。九川既疏，九澤既灑，諸夏乂安，功施于三代。史記。

禹治天下，西爲西河漁竇以泄渠孫皇之水，北爲防原泒注后之邸，嘑池之竇，洒爲底柱，鑿爲龍門，以利燕代胡貉，與西河之民。東爲漏之陸防蓋諸之澤灑爲九澮，以揵東土之水，以利冀州之民。南爲江漢淮汝東流之注，五湖之處，以利荊楚越與南夷之民。墨子。

古者龍門未開，呂梁未鑿，河出于孟門之上，大溢逆流，無有丘阜，高陵盡滅之，名曰鴻水。禹於是疏河決江，十年不闚其家，手不爪，脛不生毛，生偏枯之病，步不相過，人曰「禹步」。禹長頭烏喙，面貌亦惡矣，天下從而賢之，好學而已。尸子。

禹東至搏木之地，日出、九津、青羗之野，攢樹之所，捪天之山，鳥谷、青丘之鄉，黑齒之國。南至交阯、孫樸、續樠之國，丹栗、漆樹、沸沸、漂漂、九陽之山，羽人、裸民之處，不死之鄉。西至三危之國，巫山之下，飲露、吸氣之民，積金之山，共肱、一臂、三面之鄉。北至人正之國，夏海之窮，衡山之上，犬戎之國，夸父之野，禺彊之所，積石之山。不有懈墮，憂其黔首，顏色黎黑，竅藏不通，步不相過，以求賢人，欲盡地利至勞也。得陶、化益、真窺、橫革、之交五人佐禹，故功績銘于金石，著于盤盂。呂氏春秋。

禹周于天下，以求賢者，事利黔首，水潦川澤之湛滯壅塞可通者，禹盡爲之。禹通三江五湖，決伊闕，溝迴陸，注之東海，因水之力也。呂氏春秋。

禹之時，共工振滔洪水，以薄空桑，龍門未開，呂梁未發，江淮通流，四海溟涬，民皆上邱陵，赴樹木。舜乃使禹疏三江五湖，闢伊闕，導廛澗，平通溝陸，流注東海，鴻水漏，九州乾，萬民皆寧其性。禹沐浴霪雨，櫛扶風，決江疏河，鑿龍門，闢伊闕，修彭蠡之防，乘四載，隨山刊木，平治水土，定千八百國。禹之時，天下大水，禹身執虆垂，以爲民先，剔河而道九歧，鑿江而通九路，辟五湖而定東海。當此之時，燒不暇撌，濡不給抁，死陵者葬陵，死澤者葬澤，故節財薄葬，簡服生焉。淮南子。

禹璧洪水，身親其勞，澤水路宿，過門不入。當此之時，簪墮不掇，冠挂不顧。鹽鐵論。

禹傷父功不成，循江泝河，盡濟甄淮，乃勞身焦思以行，聞樂不聽，過門不入，冠挂不顧，履遺不躡。功未及成，愁然沈思，遂巡行四瀆，與益夔共謀。行到名山大澤，其神而問之，山川脈理，金玉所有，鳥獸昆蟲之類，及八方之民俗，殊國異域，土地里數，益疏而記之，故名之曰山海經。使太章步東西，豎亥度南北，暢八極之廣，旋天地之數，于是周行寓內，東造絕迹，西延積石，南踰赤岸，北過寒谷，徊崑崙，察六扈，脈地理，名金石，寫流沙於西隅，決弱水于北漢，青泉赤淵，分入洞穴，通江東流，至于碣石，疏九河於潛淵，開五水於東北，鑿龍門，闢伊闕，平易相土觀地，分州殊方，各進有所納貢，民去崎嶇，歸于中國。吳越春秋。

昔禹收九牧之金，鑄鼎荆山之下，入山林川澤，螭魅蝄蜽，莫能逢之，以協承天休。說文。

禹收九牧之金，鑄九鼎象九州，皆嘗觴享上帝鬼神，其空足曰鬲，以象三德，饗承天祐。漢書。

墨子：夏后開使蜚廉析金于山，而陶鑄之于昆吾。是使翁難雉乙卜于白若之龜，曰鼎成三足而方，不炊而自烹，不舉而自藏，不遷而自行，以祭于昆吾之墟上。乙又言，兆之繇曰饗矣，逢逢白雲，一南一北，一西一東，九鼎既成，遷于三國。按，書傳皆言鼎爲禹鑄，墨子獨以爲啓。金仁山前編從之，亦不擇也。

大禹曰：民無食也，則我弗能使也，功成而弗利于民，我弗能勸也。故環河而導之九牧，鑿江而導之九路，澄五湖而定東海。民勞矣而弗苦者，功成而利于民也。新書。

禹益並治洪水，禹主治水，益主記異物，海外山表，無遠不至，以取聞見，作山海經。非禹益行遠，山海不造，然則山海之遠，見物博也。論衡。

帝命豎亥步自東極，五億十選九千八百步，豎亥右手把算，左手指青丘北一。山海經。經文多誕，故不錄。

禹所治四海內地，東西二萬八千里，南北二萬六千里，有启長之州，州有九阻，中土之文德及而不治。河圖括地象。

大業取少典之子曰女華。女華生大費，與禹平水土。已成，帝錫元圭。禹受曰：非予能成，亦大費爲輔。帝舜曰：咨爾費，贊禹功，其賜爾皁游。爾後嗣將大出。乃妻之姚姓之玉女，大費拜受。佐舜調馴鳥獸，鳥獸多馴服。史記。

按，百蟲將軍顯靈碑，將軍姓尹氏，諱益，字隤敳，帝高陽之第二子伯益者也。則益卽隤敳，其爲伊尹之□歟？

南到計于蒼梧而見縛人，禹拊其背而哭。益曰：斯人犯法，自合若此，哭之何也？禹曰：天下有道，民不罹辜，天下無道，罪及善人。吾聞一男不耕，有受其饑，一女不桑，有受其寒。吾爲帝，統治水土，調民安居，使得其所，今乃罹法如斯，此吾德薄不能化民證也，故哭之悲也。吳越春秋。說苑：禹出見罪人，下車問而泣之，與此稍異。

禹見耕者耦立而式，過十室之邑必下。

禹之治天下也，以五聲聽。門懸鐘、鼓、鐸、磬而置鞀，以得四海之士。爲銘于筍簴曰：教寡人以道者擊鼓，教寡人以義者擊鐘，教寡人以事者振鐸，語寡人以憂者擊磬，語寡人以獄訟者揮鞀，此之謂五聲。是以禹嘗據一饋而七十起，日中而不暇飽食，曰吾猶恐四海之士留于道路。是以四海之士皆至，是以禹當朝廷閒也，可以羅雀。鬻子。

大禹之治天下也，諸侯萬人，而禹一皆知其體，故大禹豈能一見而知之也，豈能一聞而識之也？諸侯朝會而禹親報之故，是以禹一皆知其國也。其士月朝，而禹親視之故，是以禹一皆知其體也。然且大禹其猶大恐，諸侯會則問于諸侯曰：諸侯以寡人爲驕乎？朔日士朝，則問於士曰：諸大夫以寡人爲汰乎？其聞寡人之驕之汰耶，而不以語寡人者，此教寡人之殘道也，滅天下之教也！故寡人之所怨于人者，莫大于此也。新書。

禹作宮室。禹時儀狄始作酒醪，變五味。世本。

伺風鳥，夏禹所作也。古今註。

大越海濱之民，獨以鳥田，小大有差，進退有行，莫將自使，其故何？曰：禹始也，憂民救水，到大越上茅山，大會計，舜有德，封有功，更名茅山曰會稽。及其王也，巡狩大越，見耆老納詩書，審銓衡，平斗斛，因病亡。死葬會稽，葦柳桐棺，穿壙七尺，上無漏池，下無即水，壇高三尺，土堦三等，延袤一畝，尚以爲居之者樂，爲之者苦，無以報民功，教民鳥田，一盛一衰。越絕書。

禹平治水土，萬民皆得耕種黑黍于藿蒲之地，盡爲良田。

厥初生民，時維姜嫄，生民如何，克禋克祀，以弗無子，履帝武敏歆，攸介攸止，載震載夙，載生載育，時維后稷。誕彌厥月，先生如達，不坼不副，無菑無害，以赫厥靈，上帝不甯，不康禋祀，居然生子。誕寘之隘巷，牛羊腓字之，誕寘之平林，會伐平林，誕寘之寒冰，鳥覆翼之，鳥乃去矣，后稷呱矣，實覃實訏，厥聲載路。誕實匍匐，克岐克嶷，以就口食，蓺之荏菽，荏菽旆旆，禾役穟穟，麻麥幪幪，瓜瓞唪唪。誕后稷之穡，有相之道，茀厥豐草，種之黃茂，實方實苞，實種實褎，實發實秀，實堅實好，實穎實栗，即有邰家室。誕降嘉種，維秬維秠，維穈維芑，恆之秬秠，是穫是畝，恆之穈芑，是任是負，以歸肇祀。誕我祀如何，或舂或揄，或簸或蹂，釋之叟叟，烝之浮浮，載謀載惟，取蕭祭脂，取羝以軷，載燔載烈，以興嗣歲。卬盛于豆，于豆于登，其香始升，上帝居歆，胡臭亶時，后稷肇祀，庶無罪悔，以迄于今。詩經。

棄爲兒時，屹如巨人之志。其游戲，好種樹麻菽，麻菽美。及爲成人，遂好耕農，相地之宜，宜穀者稼穡焉，民皆法則之。帝堯聞之，舉棄爲農師，天下得其利，有功，封棄于邰，號曰后稷。史記。棄爲兒時，好種樹禾，黍桑麻五穀，相五土之宜，青赤黃黑，陵水高下，粢稷、黍禾、蕖麥、豆、稻，各得其理。堯遭洪水，人民泛濫，逐高而居，堯聘棄使教民山居，隨地造區，姸營樹之術。三年餘，行人無飢乏之色，乃拜棄爲農師，封之邰。吳越春秋。

自秦立首功，以殺人爲得爵之質，此盜賊夷狄之行也。而漢仍不改，立十九級之爵，極至封侯，所以誘臣民爲殺人之事者至厚矣。漢高祖之令，曰羣臣非軍功者不侯，後世因之，以至于今。漢高祖本出於盜賊，其爲是令也固宜，後世好仁之主，通德之臣，奈之何其從之？循吏以漢爲稱首，漢循吏莫甚至宣帝，好奬循吏者，莫如宣帝。而宣帝之賞黃霸也，僅有高□黃金之賜，未假以尺寸之封。光武之異卓茂、伏湛也，超爲太傅，所以勞來之者最厚，亦無茅土之分。自餘唐太宗、宋藝祖、明太祖皆命世之英，留心民事，亦未聞異循吏之賞。其餘治河開渠種樹，掌教理刑興造便民之法者至多，則絶未聞有殊賞焉。噫！何其嗜殺人之重，而視生人之輕乎？首尾倒置，本末橫決甚矣。而考古經義，禹以平水土爲天子，稷以稼封，皋陶以刑封，伯夷以禮封，益以工封，夔以樂封，契以教封，垂及周陳胡公以陶封，非子以養馬封，鬻子以師封，若此者，皆以有功于民封，而三古數千年未聞以軍功封者。惟太公爲近于軍功之封，然太公爲文王之師，雖微軍功，亦當近比鬻熊，得有封國。是則由太古至周衰二千年，無以軍功膺上賞，備大封者，此義甚明，經文至詳，可按也。而後世舍四代不師，而樂于師暴秦盜賊之行，甚至學士諷誦先王，引古義以矯時主者，相繼以億萬計，未聞餘論及之。嗚呼！晦盲否塞，大道不明，青黄顛倒，以殺人爲賢，而置人生于不論不議之間，使二千年民功不興，日卽于偷，民日以艱，皆經義不明之咎也。夫以中國禮義之邦，堯舜治法之美，而今生民塗炭至此，君子所爲痛心疾首，于秦漢之君，而深罪二千年之學者也。孟子曰：民爲貴，社稷次之。又曰：我能爲君約與國，戰必克。今之所謂良臣，古之所謂民賊也。知此義者，孟子而後，其絶矣乎！絶之者蓋二千年矣。惻惻哉！大道之晦，生民之艱，而遂至此乎？

唐虞之時，治水、教稼、典樂、掌禮及爲共虞曆象，皆終其身，士不易業，官不易人。專業則講求精，久任則有成功，疑此爲黄帝以來相傳之法。自三代傳子，于是庶司百務，皆以親貴典之，專業蓋少衰矣。然百司見散，祝史醫巫倉庾之屬，猶官守其世業，以獲成治。至秦漢以下，既不立專業之學，復不設專業之官，百司如傳舍，惟曆象惟專官，而吏反得世焉。是故大臣學士專業則大治，百司專業則不失治，惟吏專業則不治，治不治視其專業之人，所降以爲差。（原稿至此而止）

弟子職集解

弟子職在管子書，古者家塾教弟子之法。漢藝文志附石渠論、爾雅後，蓋以禮家未之采録，故特著之六藝，有説三篇，今佚。案，别録有子法，世子法，弟子職，記弟子事師之儀節，受業之次敍，亦曲禮少儀之支流餘裔也。漢建初，論五經引弟子職，鄭康成每據以説禮，當時尤重之，與六藝同，今以附禮家之後，其説蓋闕焉。注管子者或云房玄齡，或云尹知章，要是唐人舊注，猶不失訓詁之恉。朱子儀禮經傳通解，載弟子職，亦采舊注。間有與世所傳劉績補注同者，不能復爲别出。近洪北江編修所撰弟子職箋釋，徵引尤博，今並録之，稍有增演，名曰集解，猶裴龍駒之史記本之徐廣也。又注疏所引弟子職文與義多異同，彼此可以互證，取便童子講授，故不厭其繁委。至是書之有關於風俗升降，昔者吾友論之詳矣，兹弗復云。

先生施教，弟子是則。温恭自虚，所受是極。見善從之，聞義則服。温柔孝弟，毋驕恃力，志毋虚邪，行必正直。游居有常，必就有德。顔色整齊，中心必式。夙興夜寐，衣帶必飭。朝益暮習，小心翼翼。一此不解，是謂學則。

此一節記教學之法，及爲學之要。禮記曲禮曰：「從於先生」。鄭氏注曰：「先生，老人教學者。」孔穎達正義曰：「先生，師也。」謂師爲先生者，言彼先己而生，其德多厚也。自稱爲弟子者，言己自處如弟子，則尊師如父兄也。尚書大傳曰：「大夫七十而致仕，退老而歸其鄉里，大夫爲父師，士爲少師。」白虎通義曰：「古之教民者，里皆有師，里中之老有道德者，爲里右師，其次爲左師，教里中之子弟。是大夫士致仕而退，又必有道德者，然後可從子弟有所則效，以爲人師也。」温恭而後能事師，自虛而後能受教。洪云：「毛詩鄭箋：温，謂顏色和也。」釋詁：「恭，敬也。」管子舊注云：「必虛其心，然後能有所容。極，謂盡其本原也。」從善、服義，自虛之實。孝弟者，温恭之本也。孝經曰：「不愛其親而愛他人，謂之悖德。不敬其親，而敬他人，謂之悖禮。」舊注云：「驕而恃力，則羝羊觸藩。」洪云：「薛漢韓詩章句：恃，負也。」舊注云：「虛，謂虛僞。」洪云：「毛詩序：在心爲志。」通典引馬融周官傳：「施之爲行。」左傳：「正直爲正，正曲爲直。」高誘淮南王書注：「游，出也。居，處也。」廣雅：「就，歸也。」有德，就有道也。論語：「就有道而正焉」是也。正顏色，必以中心爲之檢式。飭衣帶，不以寢寐而忘恭敬。武王踐阼曰：「火滅修容。」舊注云：「式，法也。」曲禮「請益則起」注：「益謂受説不解了，欲師更明説之。」廣雅：「益，加也。」虞翻易解：「習，積也。」釋言：「解，怠也。」曲禮曰：「爲子者所遊必有常，所習必有業。」弟子爲學之法，卽子法也。

少者之事，夜寐蚤作。既拚盥漱，執事有恪。攝衣共盥，先生乃作。沃盥撤盥，汎拚正席，先生乃席。出入恭敬，如見賓客。危坐鄉師，顏色毋怍。

此一節記共盥正席之事，卽席之儀。洪云：「説文：事，職也。作，起也。凡少者皆先生而起，後先生而息。」舊注云：「掃席前曰拚。盥，絜手。漱，滌口。」洪云：「説文：拚，拊手也。皮援反，非此義。」

拚，曲禮作糞，皆聲同相借，其本字當爲華，推物在外曰華，貯物在内曰再，即廢□字。說文：「華，箕屬，所以推棄之器也。」唐韻北潘反 華從反再，說文再字闕，又闕古文畚，故古文從畚之字，小篆多從華，詳古文甲乙篇。漢時書詩相傳，拚糞但有借字，無本字也。洪云：「儀禮古文，盥皆作浣。」釋詁：「恪，敬也。」古文作愙。皇侃論語義疏：「攝，摳也。」舊注云：「共盥，先生之盥器也。徹盥，謂既盥而撤盥也。」洪云：「釋詁：共，具也。」說文：「沃，溉灌也。」禮記注：「徹，去也。」左傳：「奉匜沃盥，既而揮之。」孔穎達正義：「匜者，盛水器。沃謂澆水也。」杜預解揮謂湔，韋昭國語注，灑也皆誤。釋詁：「揮，竭也。」謂媵御沃盥交之，後取水振去之，此沃盥徹盥之事也。舊注：「汛拚，謂汛水而拚也。」少儀：「氾埽曰埽。」正義：「氾，廣也，外内俱埽謂之埽。」朱子儀禮經傳通解云：「汛拚，謂廣拚内外，不止席前也。」即約禮，正義之舊注誤。洪云：「鄭康成周禮注：鋪陳曰筵，籍之曰席。」釋名：「席，釋也。可卷可釋也。」曲禮「主人跪正席」注：「雖來講問，猶以客禮待之，異於弟子。」蓋惟弟子爲師正席，其餘皆主人自爲之。鄭即據此弟子正席言也。舊注云：「怍，謂變其容貌。」曲禮：「將至席，容毋怍。」注：「怍，容色變也。」先生坐，弟子亦就席。鄭易容爲顏色者，亦據此文釋之。

受業之紀，必由長始。一周則然，其餘則否。長丁反 始誦必作，其次則已。後至就席，狹坐則起。狹，洪云通挾。胡頰反。若有賓客，弟子駿作。對客無讓，應且遂行。趨庭受命，所求雖不在，必以反命。反坐復業，若有所疑，捧手問之，師出乃起。

此一節弟子受業於師及應對賓客。曲禮注：「業謂篇首也。」舊注云：「先從長者教之，始教一周，則從長始，一周之外，則不必然。」洪云：「廣雅：周，徧也。受業必由長及幼，授受既徧，則以卒業之遲速，進而請益，不復從長幼之次者，課有多寡，質有敏鈍也。」舊注云：「始誦而作，以敬事端也。至於次誦，則不必然。」「狹坐之人，見後至者，則當起。」洪云：「狹同挾。釋名：挾，夾也。枉，旁也。」漢書叔孫通傳：「殿中郎中俠陛。」顔師古集注：「俠與狹同，挾其兩旁。」挾俠古通，又作狹，形近誤也。舊注云：「駿作，迅起也。」通解云：「對客無讓者，供給使令，不敢亢禮也。」洪云：「釋詁：駿，迅也。」說文：「對，譍無方」，力應答也。韋昭國語注：「且，猶復也。」虞翻易解：「遂，進也。」舊注云：「受命，爲先生命，求雖不得，必以反白。」洪云：「漢書集注：復，猶補也。釋名：捧，逢也。兩手相逢，以執之也。字亦作奉。奉手，猶拱手也。」請業請益，皆起問所疑。但捧手者，有疑則問，與受業異，故坐而拱手也。

凡言與行，思中以爲紀。古之將興者，必由此始。「凡言與行」下二十八字，舊誤在「則已」下，今校正。

此一節推言爲學之凡最。舊注云：「思合中和，以爲綱紀，必先中和，然後可興。」通解云：「中者，無過不及之名。」洪云：「說文：凡，最括也。」中，和也。樂記：「樂者中和之紀。」注：「總要之名也。」易文言曰：「庸言之信，庸行之謹。」禮中庸記曰：「庸德之行，庸言之謹」，皆以中和爲總要也。又，其言足以興，注：「興謂起在位也。」曲禮：「惟興之日」，注：「興，謂起爲卿大夫。」古者「有世祿，無世爵。」

至於食時，先生將食，弟子饌饋。攝袵盥漱，跪坐而饋。置醬錯食，陳善毋悖。饌，士戀反。跪，洪校作「危」。

錯。凡置彼食，魚鳥獸鼈。必先菜羹，羹胾中別。胾在醬前，其設要方。飯是爲卒，左酒右醬，告具而退，捧手而立。

此一節記弟子爲先生進食之禮。洪云：「淮南天文訓云：至於曾泉，是謂蚤食，至於桑野，是謂晏食，至於悲谷，是謂餔食。」說文：「餔，日加申時食也。」古人食有定時，漢書淮南王安傳：「上使爲離騷傳，旦受詔，日食時上。」彼言其速，則日食時當爲早食時，此食時亦謂早食時也。白虎通義曰：「王者日食四卒，旦食，少陽之始也。晝食，太陽之始也。餔食，少陰之始也。莫食，太陰之始也。」論語曰：「亞飯干適楚，三飯繚適蔡，四飯缺適秦。」諸侯三飯，卿大夫再飯，尊卑之差也。弟子職曰：「莫食復，禮士也。」故士亦再飯。禮器曰：「天子一食，諸侯再，大夫士三」，彼謂告飽，與此異，而士與大夫同，再飯，則從可知也。舊注云：「饋謂選具其食。」洪云：「說文：饗，具食也」，字亦作饌。曲禮：「主人親饋。」正義：「饋，謂進饌也。」說文：「饋，餉也。」吳人謂祭曰餽。字亦通饋。釋名：「衽，襜也。在旁襜襜然也。」鄭康成儀禮注：「衽，所以掩裳際也。」廣雅：「衽，袂也」。玉藻：「衽，當旁可以回肘。」衽通名袂，袂名不通衽也。列女傳曰：「文伯引衽，攘捲而親饋之」，是饋必引衽。說文：「攝，引持也。」謂引持以衽，以便跪而饋也。洪云：「釋名：跪，危也，兩都隱地，體危倪也。」古人坐爲跪，危坐，蓋長跪也。曲禮：「授立不跪」，釋文：「本又作危」，讀危坐是。曲禮注：「食，飯屬也。」廣雅：「膳，肉也。」置、錯、陳，皆設也。洪云：「高誘戰國策注：悖，誤也。」以下言進食之次。舊注云：「先菜後肉，食之次也。」論語曰：「雖食菜羹」，鳥獸亦謂羹也。內則有雉羹、兔羹，魚鼈亦烹煮之屬，皆不以先菜羹進也。舊注云：「胾，謂肉而細切者。」言中別者，以設食胾，在羹之外也。曲禮：「食居人之左，羹居人之右。」注：「居人之左右，明近也。」又，「膾炙處外，醯醬處內」。注：「殽胾之外內也」。正義曰：「饌之設，羹食最近人，羹食之外，乃有殽胾。今云膾炙處外，醯醬處內，明其不得在羹食之內，故知在殽胾之外」。內則此羹胾之中有醬，醬在羹之前，胾之後。舊注云：「遠胾近醬，食之便也。其陳設食器，要令成方」。言方者，如公食大夫禮：「八豆，四四爲列，九俎，三三爲列」，是也。內則曰：「士不貳羹胾」。又曰：「羹食，自諸侯以下至於庶人無等」。謂朝夕常食，與燕食異也。知士與大夫常食，羹亦無等矣。鄭注特牲饋食：「俎入設於豆東，魚次腊特於俎北」，云：「腊特饌，要方也。凡饌必方者，明食味人之性所以正」。亦約此文也。洪云：「釋詁：卒，終也」。舊注云：「既飯而食則卒也。左酒右醬，陰陽也」。通解云：「醬當作漿，是謂胾也。禮，三飯乃食胾而辯殽，皆畢，又用酒以□〔酳〕，用漿以漱，故言飯胾而食終，乃言酒醬明在胾外也。鄭注二禮兩引此文，皆係漿字，又此上文已云胾在醬前，則此醬不應復在胾外矣，今本誤也」。鄭氏公食大夫禮：「賓三飯，宰夫執觶漿飲，與其〔豐〕以進，設其於〔豐于稻〕西」，注：「酒在東，漿在西，是所謂左酒右漿」。曲禮：「酒漿處內」，注：「處羹之右，此言若酒若漿耳，兩有之，則左酒右漿」。自羹胾中別至此，又言設食之次也。洪云：「廣雅：具，備也。說文：退，卻也」。捧手而立，以待貳豆。

三飯二斗，左執虛豆，右執梜匕。周還而貳，唯嗛之視。二，當作貳。斗，當作豆。梜，古協反。還，音旋。嗛，古簟反。同嗛以齒，周則有始。進柄尺不跪，是謂貳紀。有，干救反。柄，兵命反。「柄」上舊脫「進」字，從禮記正義增。

此一節記貳益羹豆之法。舊注云：「三飯食必二毀斗也」。禮三飯告飽後，然後侑食。二當爲貳。斗當爲豆。周禮酒正：「大祭三貳」，注：「鄭司農云：三貳，三益副之也」。曲禮：「雖貳不辭」，注云：「貳，謂重殽膳也」。貳豆，爲益所設之殽膳也。舊注云：「梜，猶箸也，所以載鼎實者」。曲禮：「羹之有菜用梜，其無菜者不用梜」。注：「梜，猶箸也。或謂箸爲梜提」。正義曰：「有菜者謂鉶羹是也。以其有菜交横，非梜不可。無菜者謂大羹湆也，直歠之而已。其有肉調者，犬羹兔羹之屬，或當用匕也。」朝夕常食，無大羹，則菜羹用梜，肉羹用匕矣。洪云：「陸績易注：『匕者，棘也，撓鼎之器。』虚豆，羹已盡者。舊注云：『貳，謂再益也。』『食盡曰嗛』。」通解云：「視有盡者則益之」。又，酒正注：「杜子春云：「齊酒不貳，謂五齊以祭，不益也；其三，酒人所飲者，益也」。弟子職曰：「周旋而貳，唯嗛之視」。賈公彦曰：「謂弟子事師，師飲酒之時，弟子用注，惠棟校作往來周旋而貳者，欲副益酒尊之時，嗛謂不滿，惟酒尊不滿者，視之更益」。賈説非也，上云豆，又云梜，已明所副益者，是殽膳非酒。杜子春特引以證貳爲益，非必謂副益酒尊也。洪云：「范寧穀梁注：嗛，不足貌」。舊注云：「齒，類也，謂食者則以其所盡之類而進」。通解云：「齒，次序也。如菜肉同盡，則先益菜後益肉也」。高誘呂氏春秋注：「齒，列也」。同嗛，則從豆列之遠近以次益之，周而復始也。「有」，讀爲「又」。舊注云：「豆有柄，長尺，則立而進之」。少儀：「取俎進俎不坐」，注：「以其有足，亦柄尺之類」。正義曰：「案，管子書弟子職云：進柄尺，謂爵豆之屬是也」。今本脱「進」字。太平御覽三禮圖曰：「豆以木受四升，高尺二寸，漆赤。中大夫以上赤雲畫，諸侯加象飾口，天子玉飾。登，以瓦盛湆受斗二升，口徑尺二寸，足徑八寸，高二尺四寸，小身有蓋以豆狀，是俎下足，與豆不同」。祭統：「夫人薦豆執校，執醴授之執鐙。」注：「校，豆中央直者也。執醴，授醴之人。授夫人以豆，則執鐙。鐙，豆下跗也」。考工記：「旅人豆中縣」。鄭注：「縣，縣繩正豆之柄」。賈公彥曰：「豆柄中央，把之者，長一尺，宜上下直，與縣繩相應」，則柄尺而。祭統注所謂「校而鐙在豆下，如膏鐙形」，故郭璞爾雅：「瓦豆謂之登」，注：「卽膏鐙也」。干寶易注：「柄，所以持物」。柄但據人所執持而言。進豆者執其中央，直者長尺，故曰柄尺也。舊注云：「此是再益之綱紀也」。洪云：「貳紀，謂增益菜羹之法」。少牢饋食禮：「主婦薦韭菹醓醢，坐□〔奠〕於筵前，贊者一人，執葵菹蠃醢以授主婦，主婦不興，遂受，陪設於東，韭菹在南，葵菹在北，主婦興」。是薦豆亦跪，特牲略而不言耳。此進柄尺不跪者，以貳豆禮從殺，上云「危坐而饋」，是始進食時柄尺亦跪進，與禮所謂「取俎進俎不坐」異。蓋有折俎者以不坐爲敬，進柄尺者，以跪爲敬也。

先生已食，弟子乃徹。趨走進漱，拚前斂祭。先生有命，弟子乃食。以齒相要，坐必盡席。飯必捧擥，羹不以手。亦有據𦤎，無有隱肘。既食乃飽，循咡覆手。要，平聲。飯，擥上聲。通解音覽。洪校作擥，烏貫反。隱，於靳反。咡，如志反。振衽埽席，已食者作。摳衣而降，旋而鄉席。各徹其餽，如於賓客。摳，若侯反。鄉，音向。既徹並器，乃還而立。「並」當作「屏」，必領反。字亦作「屏」。

此一節記弟子餕先生之餘也。通解云：「進漱未詳」。曲禮：「主人未辨，客不虛口」。注：「虛口謂酳也」。正義曰：「禮云賓卒食會飯三飲，鄭云三漱漿也，明是食竟漱也。食竟必漱，或酒或漿，趨走以進之也」。舊注云：「既食畢，掃席前並接斂所祭也」。洪云：「曲禮：主人延客祭。注：祭，祭先也，君子有事，不忘本也。古者每食必祭，斂祭者斂攝所祭，不使人得踐履，所以廣敬」。說文：「斂，收也」。祭俎則於俎內，祭豆則於兩豆之間，斂祭在席前也，明所祭者豆也，所祭當斂之，其餘拚之而已。洪云：「有命，命之食也」。禮記注：「齒，年也」。楊倞荀子注：「要，邀也」。舊注云：「所謂食坐盡前，恐污席也」。通解有此四字，管子本無。洪云：「擥當作擥。說文：擥，手擥也。揚雄云：擥，握也」。曲禮：「共飯不澤手」，注：「禮飯以手」，明飯則以手也。又「飯黍毋以箸」。正義曰：「飯黍當用匕」。少牢云：「廩人溉匕與」。敦注云：「匕所以匕，黍稷是也」。內則曰：「飯黍稷稻粱，黍稷用匕，稻粱用箸」。公食大夫禮，黍稷並設，既有匕有箸，則飯必用器矣。所謂「禮飯以手」，蓋指三飯言也。古者三飯必奉擥，食則用器。說文：「盌，小盂也」。盌所以代擥，故謂之盌。方言曰：「椀，或謂之涓被」。太平御覽所引如此，廣雅作「幗枝」，皆俗字。涓，絜也。以器代手，不使污箸其袂，故曰涓被。舊注云：「羹不以手，當以梜匕（匕，本皆作「也」，誤）羹，謂以羹澆飯也，禮謂之飧。洪云：「毛詩傳：據，依也。說文：「厀，脛頭卩也」。舊注云：「隱肘，則大伏也」。洪云：「釋名：肘，注也，可隱注也」。禮運注：「隱，據也」。厀則小俯，據肘則斜倚近則敬。既食，謂禮食三飯畢。飽，謂告飽也。舊注云：「咡，口也。覆手而循之，所以拭其不絜」。洪云：「禮記注：口旁曰咡。釋文：口耳之間曰咡」。玉藻：「君未覆手，不敢飧」，注：「覆手以循。咡，已食也。飧，勸食也」。正義曰：「覆手者，謂食飽必覆手以循口邊，恐有殽粒污著之也。飧，謂用飲澆飯於器中也。禮食竟更作三飧，以勸助令飽，實使不虛也」。鄭言循咡，亦約弟子職文，然互證之，知不然也。循咡，恐口邊有殽粒，則是已；至覆手，猶澤手，謂去手餘飯，反覆以挼莎之也。此以奉擧而食故耳，非爲循咡而覆手也。君禮，食亦必奉擧，一食再食三食，皆以擧爲節，告飽後乃覆手，於是用飲，若羹澆飯於器中以食，所以勸助令飽也。說文：「饡，以羹澆飯也」，亦取贊助義。玉篇：「饡，古文作㞧」，以展省展申也，重也，亦是勸食之意。或又以爲饗重文，則失之。君未覆手，臣不敢用器以飯。三飯與飡，有以手以器之別，故手與循咡，自是兩事。飡畢，亦循咡而覆手，則唯禮食竟爲然耳。舊注云：「振衽，謂振其底衽，以拂席之污」。洪云：「說文：振，奮也」。少儀：「拚席不以鬣」，謂帚也。不以帚，故奮衽以拂之。洪云：「廣雅：摳，舉也」。曲禮卽席言「兩手摳衣，去齊尺」。正義曰：「摳，提挈也。衣，謂裳也。鄭注：齊謂裳下緝也。謂將就席之時，以兩手當裳前，提挈使起，令裳下緝去地一尺，恐衣長轉足躡履之」。此降席言摳衣者，義亦同也。舊注云：「賓客食亦徹其餽」。曲禮：「卒食，客徹飯齊，授相者」，注引公食大夫禮，「賓卒食，北面取粱與醬以降」。正義：「以爲是卑者侍食之客，若敵者則否」。曲禮又言：「主人興辭於客，然後客坐」，則客亦止不徹。且客所徹者，特主人自置之飯與醬，非謂進食者之所設也，卽客必自徹。客尊而弟子卑，客尚自徹，弟子之自徹，更不待言，又何必以賓客例弟子邪？玉藻：「一室之人，非賓〔客〕，一人徹」注：「同事合居者也，賓客則各徹其饌也」。正義曰：「合居既無的賓客，故必少者一人徹饌也」。鄭彼注亦約此文言。各徹其餽，如於賓客者，謂此一室之人，雖非賓客，然弟子餕師之餘，如所饋者，終必各自徹之，不得如同事合居之人，使少者一人徹也，與玉藻義互相足。舊注云：「並，謂藏去弆同也」。「並」當作「屏」字，亦作「庰」。古文尚書「屏壁與珪」，傳：「屏，藏也」。廣雅：「庰，藏也」。

凡拚之道，實水於盤，攘臂袂肘。堂上則播灑，室中握手。執箕膺揲，厥中有帚。入户而立，其儀不忒，執帚下箕，倚於户側。忒，通解作貣同，它得反。凡拚之紀，必由奧始。俯仰磬折，拚毋有徹。拚前而退，聚於户內。坐板排之，以葉適己，實帚於箕。先生若作，乃興而辭。坐執而立，遂出棄之，既拚反坐。

此一節記拚掃之法。又言凡者，明是蚤作，汛拚之法，非承食畢而言，故别起其凡也。洪云：「毛詩傳：實，滿也。說文：盤，承槃也」。舊注云：「須用泛灑攘被者，恐濕其袂，且不便於事也」。洪云：「禮記注：攘，却也。廣雅：肱，謂之臂，卻袂其肘爲攘臂，攘臂以臝臂也」。內則「灑掃室堂及庭」。正義以爲卑賤之人及僕隸，此云堂上室中，謂學中之堂室也。舊注云：「堂上寬，故播散而灑，室中隘，故握手爲掬以灑」。洪云：「鄭康成尚書注序：內半以前曰堂。說文：播，布也。通俗文：以水檢塵曰灑。李軌莊子注：捲手曰握」。舊注云：「揲，舌也。既灑水將掃之，故執箕以舌自當，而置帚於箕中也」。曲禮：「凡爲長者糞之，禮必帚於箕上」。注：「如是得兩手奉箕，恭也，謂初執而往時也。弟子職曰：執箕膺擖，厥中有帚」。少儀：「執箕膺擖」，注：「膺，親也。擖，舌也。執箕將去糞者，以舌自鄉」。「揲」字本作「葉」，揲擖皆假借字。士冠禮：「加柶覆之面葉」，注：「古文葉謂擖」。孝經引詩「其儀不忒」。鄭注曰：「忒，差也」。賈生書曰：「容服有義謂之儀」。拚言儀者，幼儀之習，自灑掃始也。詳於户內，以其近尊者也。舊注云：「謂倚箕於户側」，執帚以拚，而下其箕，暫倚之於户側也。舊注云：「奧，西南隅也」，此亦言室中也，故曰奧。曲禮：「立則磬折垂佩。」正義：「傴折如磬之背，故云磬折」。拚必磬折，言俛仰者視尊者所在以爲儀節。曲禮：「以袂拘而退，其塵不及長者」，注：「謂掃時也，以袂擁帚之前，埽而卻行之」。正義曰：「退，遷也。當埽時，卻遷以一手提帚，又舉一手衣袂以拘障於帚前，且埽且遷，故曰拘而退」。舊注云：「徹，動也，不得徹動他物也」。洪云：「小爾雅：徹，達也。謂拚時不使塵達於上，猶曲禮其塵不及長者之義」。舊注以動解徹，恐非義訓。舊注云：「從前埽而卻退，聚其所埽穢壤於户內也，板穢時以手排之」。洪云：「毛詩傳：板，反也。釋詁：排，推也。趙岐孟子注：排，壅也。又，排壅户內之排穢，入之于箕也。尊者居奧，拚從奧始，亦先拚席前，必卻遷者，不敢背尊者也。室中循埽聚穢於户內，以就箕也」。舊注云：「適己，向己也」。置箕於地，葉必向己，又，實帚於箕者，以便出□時仍兩手奉之，所謂「其儀不忒」是。舊注云：「以拚未畢，故辭之令止。坐執，謂獨坐執箕也」。是時先生坐，故拚者亦反坐，而置箕於己所坐席前之地，俟先生作，然後起而致辭，白出棄之。取箕必跪，故曰坐執。言反立者，先生作，則反立，先生坐，言立，則坐從可知也。

是協是稽，莫食復禮。

此二句言既拚復業，及莫食饌饋之紀。舊注云：「協，合也。稽，考也。謂合考書義也」。魯語曰：「士朝而受業，晝而講貫，久而習復，夜而計過」。是協是稽者，講貫習復所受之業也。舊注云：「復禮，謂復朝夕之禮也」。承上言之，故辭從略。毛詩「不夙則莫」。傳曰：「莫，晚也」。大夫士再飯，餔食亦可謂之莫食。洪云：「莫食，夕食也。說文：飧，餔也。飧字夕食，會意，而告飽後勸食，亦謂之飧，以其皆用器不以手也」。言復禮者，蓋謂饌饋之禮，其奉擧以手，或與朝食異與。伐檀之詩曰：「不素食兮」。又曰：「不素飧兮」。亦士大夫再飯之禮。素餐則兼朝夕食言也。

昏將擧火，執燭隅坐。錯總之法，橫於坐所。櫛之遠近，乃承厥火。居句如矩，蒸閒容蒸。然者處下，捧椀以爲緒。左手執燭，右手正櫛。有墮，代燭交坐，無倍尊者，乃取厥櫛，遂出是去。「左」「右」舊注互易，從禮記。

此一節言執燭以侍尊者之儀。洪云：「儀禮注，日入三商爲昏。說文：莫，且冥也。昏承莫後言也。擧火，擧燭也」。韓非子曰：「郢人有遺燕相國書者，夜書，火不明，因謂執燭者曰：擧燭云，而過書擧燭」。是執燭必高擧之，而後光所及乃明也。檀弓：「童子隅坐而執燭」。注：「隅坐，不與成人竝」，是執燭乃童子之事。故曰隅坐，非以執燭而隅坐矣。少儀：凡飯飲酒，爲獻主者，執燭抱燋，客作而辭，然後以授人」，以卑者之事，故辭之也。洪云：「古者燭皆束苣爲之，漢後始用蠟。隅坐，旁坐也」。舊注云：「總，設燭之束也」。通解云：「總，束也。古者束薪蒸以爲燭，故謂之總」。其未然者，則橫於坐之所也。總，說文作熜。然，麻蒸也。又云蒸，折麻中幹也，言置總高下之法也。「橫」「衡」通，平也，言與尊者坐所相衡也。檀弓作「堲」，注曰：「火爇今本作熱，誤。疏同。鄭以解堲。周云：「燒土冶以周於棺也」，是以爇爲燒。說文：「爇，燒也」。曰堲，弟子職曰：右手折堲」。正義曰：「以弟子職云折燭之炎𤇺，名之之曰堲，故知是火爇者」。廣雅作𤇺，灺也。皆據下折堲言，故謂之灺𤇺，若據櫛之遠近，乃承厥火，居句如矩」三句細繹之，知不然也。舊注云：「櫛，謂燭𤇺，察其將盡之遠近，乃更以燭承取火也。句，謂著燭處，居燭於句，如前燭之法。矩，法也」。通解云：「句，曲也。舊燭既盡，則更使人以新燭繼之，一橫一直，其兩端相接之處，勢曲如矩，則方正不邪也」，皆以櫛爲㶳，不知禮疏，特就注所引「折堲」言之，故云折燭之炎㶳。鄭固解堲爲火爇，未嘗解爲㶳也。蓋燭本爲跋，燭末謂櫛。櫛，熱火處也，亦謂之燋。說文曰：「燋，所以然持火也」。周禮曰：「以明火爇燋也」。鄭注：「杜子春云：燋讀爲細目燋之燋，或曰如薪樵，謂所爇灼龜之木也」。元謂：「燋，炬其存火」。莊子：「爝火不息」意，音義：「爝，本又作燋」，向云：「人所然火也，一云燋火，小火也」。字林云：「爝，炬火也」。堲、爝、燋，一聲之轉，則櫛非㶳，明矣。曲禮：「燭不見跋」。注：「跋，本也」。燭本盡則去之，嫌若㶳，多有厭倦」意也。是燭盡，則櫛與跋皆爲盡矣。訓櫛爲灺，沿誤可知。上言置熜高下之宜，此言然櫛遠近之適，謂燭末然處，去尊者坐所，須令適受火光所照及，斜直如句股之形，故曰「乃承厥火，居句如矩」。洪云：「考工記：冶氏倨句中矩，倨居同」。荀子：「裾拘必循其理」。楊倞注：「裾倨同，方也」。拘讀爲鉤，曲也。居，裾皆假借字。舊注云：「蒸，細薪也。蒸之間，必令容蒸」。通解云：「言稍寬其束，使其蒸間，可以各容一蒸，以通火氣」。舊注云：「然燭者必處下以焚也」。通解云：「又使已然者居下，未然者居上，則火易然也」。舊注是也。執燭者一人，然燭者又一人，隅坐則同席，承火則相近，然者恐污席，故處席前爲下也。若爲謂處下也則易然，炬應向下，執者尚得隅坐邪？舊注云：「緒，然燭㶳也。椀，所以貯緒也」。洪云：「衆經音義引廣雅：緒，餘也。司馬彪莊子注：緒者，殘也。奉椀亦當爲奉擥，擥俗字作椀」。說文：「緒，絲也」。韓詩外傳曰：「束蘊請火」。說文：「縕，紼也」，無蘊字。蘊从糸，蘊，省聲。

蘊，積也，縕重文闕。紼爲亂絲，是緒與縕皆殘餘滯積之亂絲。「一人兩手奉麻蒸，一人用殘絲束之以爲熜。必兩人者，以尊者之前宜慎也。執燭但用一手，故左執而右正櫛。禮記正義：「管子書有弟子職篇云：左手秉燭，右手正堲。鄭云：折堲者，即是除之義。管子云，左手執燭，右手折堲，即燭頭燼也」。今本左右互異，誤。是陸德明亦以堲爲燼，但據折堲言之耳。秉燭用左手者，以折櫛當用右手也。折、正聲相近，正櫛即折櫛也，當讀右手正櫛。「有墮」句，「代燭交坐」句，墮與坐叶，緒與者去叶，各自爲韻。舊注云：「燒燭者有墮，即令其次代之也」。先執燭者，既捧椀以貯櫛之餘緒，遂以左手正櫛，而投其緒於椀中，至其櫛漸短有墮而不可執者，則後執燭者代之，而交坐於其處，前執燭者乃取櫛而棄之也。洪云：「廣雅：墮，脱也。漢書集注：墮，落也。有墮，謂燭穗落也。墮是燭燼。鄭斷章取右手折堲，證堲用之義，其後遂循以絕，讀櫛謂之燼，墮又謂之燼，緒亦謂之燼，辭義失之複矣。曲禮：「授立不跪，授坐不立」。注：「爲煩尊者俯仰受之」。謂於尊者之前授受，彼此俯仰，恐煩尊者。執燭者既隅坐，則代者亦必坐，故曰交坐。既詳坐立之恒，尤謹向背之戒。取櫛去之者，即燭不見跋意。言櫛不言跋，燭盡則殘跋，承上言之，故曰櫛，而櫛非燼益明矣。

先生將息，弟子皆起。敬奉枕席，問疋何趾。俶衽則請，有常則否。「疋」作「所」，從說文。

此一節記請衽及布席有常，與順時改設之異。「所」當爲「雅」，說文作「疋」。弟子職「問疋何趾」，又言古文以爲詩文疋字。史記集解引韋昭曰：「雅，素也」。又引服虔曰：「雅，故也」。洪云：「虞翻易注：趾，足也。說文作止。鄭曲禮注：「坐問鄉，臥問趾，因於陰陽，謂奉枕席，先問雅素何趾也」。舊注云：「俶，始也。變其衽席，則當問其所趾，若有常處，則不請也」。鄭二禮注皆云：「衽，臥席也」。然據士昏禮：「媵衽良席在東」，則衽當爲布席之稱。言弟子始爲先生布席，則當請也。曲禮：「席南鄉北鄉，以西方爲上，東鄉西鄉，以南方爲上」。注：「布席無常，此順之也」，亦約弟子職文。有常者，或以南鄉北鄉爲常，或以東鄉西鄉爲常，變其衽席，則無常，與俶衽皆當請也。

先生既息，各就其友。相切相磋，各長其儀。

此一節記弟子退習，朋友相成之義。洪云：「何休公羊解詁：同門曰朋，同志曰友」。學記：「五年視博習親師，七年視論學取友」。又曰：「安其學而親其師，樂其友而信其道」。言師必言友者，雖同從師學，既成則各以所志取友，然後師所明之道益信，故曰各就其友。洪云：「爾雅：骨謂之切，象謂之磋」。韋昭國語注：「長，益也」。儀，與義同，謂各增益其義蘊也。釋詁曰：「儀，善也」。毛詩傳曰：「朋友以義，切切節節然」。論語曰：「朋友，切切偲偲」，切磋長善之謂也。

周則復始，是謂弟子之紀。

上二句推廣言之，以結通篇所說，皆弟子之所當法也。洪云：「皇侃論語義疏：復，又也。謂學無間斷，終始循環也」。

論辯類

論幼學光緒辛卯前作

內則曰：「凡生子，擇於諸母與可者，必求其寬裕慈惠、溫良恭敬、愼而寡言者，使爲子師。子能食食，教以右手；能言，男唯女俞，男鞶革，女鞶絲；六年，教之數與方名；七年，男女不同席，不共食；八年，出入門戶及卽席飲食，必後長者，始教之讓；九年，教之數日；十年，出就外傅，居宿於外，學書計，衣不帛襦袴，禮帥初，朝夕學幼儀，請肄簡諒。」古者言幼學，莫詳於此。曰教以方名數，曰書計，則爾雅、倉頡、九章之學也。曰後長者，教之讓，學幼儀，則曲禮、少儀、弟子職之學也。其事至切實，一則爲學世事之基，使長不失職；一則爲人義之始，使長可爲人，乃人道之必然，理勢之至順者也。

秦漢之後，經學以虛名相傳，人道之宜，則未有留意者。於是，二千年來，竟無一書爲養蒙計者。故後世童子誦詩、書、論語、孝經，文義高遠，不周於用，而外之不能通世事，內之不能益情性。至於易者，藏於太卜，韓宣子至於魯，乃能見之。當時士夫殆寡見，而今童子莫不誦讀，學非所用，用非所學。舍宜學之幼儀，而教以陰陽之秘籍，享爰居以鐘鼓，被犧牲以文繡，責其有效，豈不傎乎？程子曰：「古之學者易，今之學者難。」誠哉！

嘗見通學教人，群坐皆知名于時，吾偶舉里數幾何相質，無人能舉丈尺相答者，況知律尺、工部民尺，及累朝尺度之異哉？此無它故，幼學無書，故人才難成也。稱有文學者，猶如是，鄉曲之士，豈不難哉？後世學問不實，無以爲用，在此。蓋幼學，無善書頒行天下故也。

朱子晚年編小學，分立教、明倫、修身三例，引古嘉言善事明之，所以養德性，立人倫，于先王立教之道，誠爲近矣。但其所編，規模未善，不失於深，則失于雜，于先王蒙養之義，幼子切近之學，考以古少儀、弟子職之意，未爲當也。即如立教第一章，引列女傳胎教，義則高矣；第二章引內則，義則古矣。然胎教是婦學之嘉言，內則但古經之遺訓，試問五十服官，七十致事，於童子何與耶？皆所講，不切近之陳言也。學記則爲古立學之制，命契則爲古立教之制，夔之典樂，孔子詩禮樂之制，四術之教，皆爲古大學制。司徒三物，則爲萬民公共之教。凡引此，于幼子之爲學不切，於內則教飲食、教讓、學幼儀之義，皆無關。餘如嘉言篇，引濂溪希天之說，明道□佛之論，皆于幼學無與。惟立敬篇，曲禮「幼子常視無誑」，乃修身篇引曲禮「無側聽無噭應」，少儀「不窺密不旁狎」，明倫篇父子長幼，所引曲禮、孟子、少儀諸條，爲童子切近之學，乃爲古之小學。然條理不明，採摭未備。蓋朱子之書，名雖小學，實爲人譜，近於古六德六行之書，不爲幼學計也。至於爾雅之學，更所不及。朱子思慮精密，而忘爲幼學計，亦其疎也。若朱子於幼學留意，爲編一書，五百年人才必不止是也。

呂東萊曰：「後生小兒學問，且須理會曲禮、少儀、儀禮等，學灑掃應對進退之事，及先理會爾雅訓詁等文字，然後可以語下學而上達，自然有得。不如此，是躐等，終不可。」成公此論，深合內則之法也。

朱子曰：「曲禮：將上堂，聲必揚；將入户，視必下」，皆韻語。按古人教小兒之法，編成韻語，俾易記誦，此易得古人之遺法也。大抵古人之教務實，必親切明著，條理極析，務爲有用；後世之教務名，若爲尊古，牽文拘義，務爲無用。買櫝還珠，不師其意而師其破壞之法，百學敗壞，治教人才，皆遠遜于古，職是之故。幼學，亦其一也。今用成公之法，分幼儀爲一書，多爲韻語，以便諷誦，庶幾幼學有基，進而講德行道藝，乃有序爾。

幼學之教，古今無一全書。曲禮至古，義亦周浹。然自「君天下曰天子」下皆國禮。首則通論中，多士人通行之禮，其可取爲幼儀者，自「凡爲人子之禮」下十餘章耳。內則少儀，更復無幾。且飲食席坐登車之節，古制皆與今不同，亦不可用。如侍坐於長者，屨不上於堂，解屨不敢當階，就屨跪而舉之，屏於側；鄉長者而屨，跪而遷屨，俯而納屨；生（主）人延祭，祭食，祭所先進殽之序，徧祭之，如是諸條，既無可用，删之可也。

今修幼儀，擬分三〔一〕十類：事親、事長、處衆、使下、見客、執業、讀書、侍疾、居喪、祭祀、坐立、起居、行遊、灑掃、應對、進退、問饋、衣服、飲食、舟車。各以古經冠首，次採後儒之説。其人事日新，前儒未及者，亦取今時禮節，坿之隸條下。其於古者幼儀之法，當不盡失其意，而蒙士德性，庶有助焉。

幼雅之例尊，以通今爲義。蓋爾雅明周，急就稱漢，取諭蒙僮，無取博古，酌採爾雅、廣雅、急就、釋名之例，分天文、地理、人倫、王制、族姓、度量、權衡、干支時日、宮室、器用、藝業、鬼神、鳥獸、蟲魚、草

〔一〕考其所列類，只有二十，疑此「三」字爲「二」字之誤。

木凡十五類。造之成句，以便誦讀，畫之成圖，取易審諦，注古今之異，使知遷革，皆取實物，舉目可識，湊耳易了。由今通古，由淺識深，進而講六藝群書通世事，當不復閡隔，豈猶有成學而不知里度之患哉！

内則誦詩學樂舞勺，詩本樂章，學樂自當誦之詩。且詩有章句，語皆成韻，便于童子之諷誦，又緣情體物，草木鳥獸足以資多識，人倫孝敬足以資觀感。孔子曰：「小子何莫學夫詩」，故詩亦幼學也。今自三百篇外，凡漢魏以下詩歌樂府暨方今樂府，皆當選其厚人倫，美風化，養性情者，俾之諷誦，和以琴弦，以養其心，其於蒙養，亦不爲無益也。

盧懷慎論　光緒辛卯前作

夫宰臣，非才之難，不忮才之難，以人之才爲其才之難。德器不大，則沾沾自喜；度量不宏，則政必己出；心術不忠純，則視國事若視秦越人之肥瘠，必不能公爾忘私可知也。唐名相以公忠清望著者，莫若盧懷慎、楊綰，而懷慎以才不及姚崇，每事推而不專。當時無識者，以伴食譏之，後世遂爲笑柄，此不可不辨者也。

且人各有能有不能，以皋陶、伯益治禮樂，必不能如夷夔；以稷契治工虞，必不能如倕菴。短長各效，無以不能爲愧，亦無以失懽爲嫌。夫天下百司，萬務交責而并負，雖有周公之才，非一人所能爲也。秦誓曰：「若有一个臣，無他技，其心休休焉。其如有容，人之有技，若己有之，不啻若自其口出，實能容之。」夫無他技者，才不必及人之謂也；休休焉其如有容焉者，不忮才而樂用人才之謂也；人之有技，若己有之者，則不知人之才爲人之才耶，爲己之才耶。要于國事有濟焉爾，其心不知有技有能也，亦非故爲閎量大度也，有忠誠之心而已。嗚呼！此真善言宰相者耶。

且夫才能者，百司之器耳。昔韓魏公在中書，有言政事者，以歸曾公亮，有言文學者，以歸歐陽修。其言曰：功成潤萬物，斂質歸太虛。甚矣，韓公之知體哉！

且夫知鄭之治者，不在孫僑而在□□；知睢陽之守者，不在張巡而在許遠；知江陰之守者，不在閻典史而在陳知縣。然則論開元之治，不在姚崇而在盧懷慎矣。古人之所以善用短長，交相輝美者，此也。

唐之牛、李，明之夏言、徐階、高拱、張居正，皆才臣也，使其皆師懷慎容人之才，已無傾軋争權之失，國有才賢並立之美，其致治當何如哉！而乃以争位忮才□，惜也！

且人好以技能争，何不至耶？如傅亮惡謝靈運文出己上，宋孝武忮王侃棊第一，隋煬帝妒薛道衡詩美于己，並搆殺之；江淹畏禍，則云晚歲才盡；孝綽數典，遂至終身不遷；曹操之殺華陀，操叔之殺趙達吳範，豈有他哉？才藝之相忮云耳。以君相之尊，乃至争才藝之小技。懷慎之以伴食相目，宜哉，後世乃以爲鑒。以剛愎專政爲才，以撓軋同僚爲術，以忌忮才賢爲心，敗壞家國，流禍後世，可勝嘆耶！

嗟夫！女無美惡，入宫見妒；士無賢不肖，入朝見嫉。豈不然哉？詩曰：「不忮不求」。説者曰：不求不難，不忮爲難。有旨哉其言！如懷慎者，雖爲執鞭所忻慕。不爾，則稱張巡而不稱許遠，可也。

孟子詩亡然後春秋作解

光緒辛卯前作

孟子：「王者之迹熄，而詩亡。詩亡，然後春秋作。」趙岐曰：「太平道衰，王迹止熄，頌聲不作，是以正雅及頌亡爲詩亡。」范甯穀梁敍曰：「就太師而正雅頌，因魯史而作春秋，列黍離於王風，齊王德于邦君，以變雅亡爲詩亡。」蘇轍曰：「詩亡于陳靈，而後孔子作春秋，是以變風亡爲詩亡。」以頌及正雅亡，則春秋當起幽厲；以爲變風亡，則陳靈之世，王迹未熄也，何爲起於隱桓？謹按：鄭譜以王次豳後，孔疏凡四述之。此必孔子舊第三家詩說，鄭箋本兼韓詩，與檜處先正同。相城鄭氏瑞辰亦謂當以鄭譜爲正 書終文侯之命及秦誓，詩變風變雅，皆終于平王，皆有微意。知此，而後知詩亡而春秋作之義也。

說文：「辺，古之遒人，以木鐸言詩，从辵，从丌亦聲」，讀與記同。言王國無遒人之官，而詩遂亡。王制：「天子年一巡狩，命太師陳舊詩以觀民風」。漢書食貨志：「行人振木鐸，徇于路，以采詩，獻之太師，比其音律，以聞於天子。故曰王者不窺牖户而知天下。」藝文志：「古者有采詩之官，王者所以觀風俗，知得失，自考正也。」息，止也。政教流失，王官不行，無采詩之官，而王政亦與俱亡也。儀封人曰：「天將以夫子爲木鐸」，言以夫子繼王者之政教也。

夫王者馭世之權，莫大於巡狩述職，天子采風，諸侯貢俗，觀其得失，而慶讓黜陟行焉。故諸侯不敢放恣，民生賴以託命，是陳詩爲王朝莫大之典，黜陟爲天王莫大之權，固自宣王以前舉行不廢。至東遷之末，天子不省方，諸侯不朝覲，陳詩之典廢，而慶讓之權亡，于是天下無王。天下無王，斯賴素王。

故孔子改制而作春秋，以代木鐸。故曰「吾其爲東周也」。

春秋何不始于平王之初年，而始于末年？王氏夫之曰：「隱公之三年，平王崩，桓王立，春秋于是託始。王風我生之初，謂平王東遷也。我生之後，謂桓王也」。庶得詩亡春秋作之實矣。至此外變風下逮陳靈，則是霸者之迹，民風之美刺雖可輯，而王者巡狩述職慶讓黜陟之大綱不行，則雖有詩而無關于王者之迹也。王迹既亡，孔子抱救世之心不能不以衮鉞代黜陟，改制作而救衰敗，不可以已矣。

然孔子作春秋改制之意，褒貶當世威權大人有勢力者，不可著見，但有口說，不傳于竹帛。公羊穀梁傳之，爲王者改制之義。故莊子以孔子爲素王，又曰：「春秋經世，先王之志」。孟子曰：「春秋，天子之事。」春秋繁露三代改制質文云：「春秋上黜夏，下存周，以春秋當新王」；又云：「春秋作新王之事，變周之制」。淮南子：「夫殷變夏，周變殷，春秋變周，三代之禮不同，以春秋爲一代。」說苑：「孔子曰：夏道不亡，商德不作；商德不亡，周德不作；周德不亡，春秋不作。」太史公自序：「余聞董生曰，周道衰廢，孔子爲魯司寇，諸侯害之，大夫壅之，孔子知言之不用，道之不行也，是非二百四十年之中，以爲天下儀表，貶天子，退諸侯，討大夫，以達王事而已。」孔子答子張之十世，與顏淵論爲邦，皆是惟其改制。故孔子曰：「知我者其惟春秋乎，罪我者其惟春秋乎！」孟子繼四聖之功，不言其德，惟言春秋。孟子私淑孔子者，必不謬矣。其編詩而存三頌，亦□新周，故采(宋)、王魯、黜杞之意。凡西漢以前無異說。自劉歆僞竄左氏春秋，于是二傳漸廢，孔子作春秋以繼王迹之微言大義不可得見，而孔子之學亦亡。今略考定焉，庶幾存其意焉。

鄭康成篤信讖緯辨　光緒辛卯前作

近人開口輒言讖緯，此不辨黑白之言也。

七經緯者三十六篇，云孔子所作。今以何休公羊註所引禮徵(徵)之，皆在緯中，而與西漢大儒伏生尚書大傳、董仲舒春秋、劉向之説合，凡今學家之説，皆合。此雖非孔子所作，亦必孔門弟子支流餘裔之所傳也。其所以有怪瑋之説者，蓋時主不信儒，儒生欲行其道，故緣飾其怪異之説。自江都爲純儒，而閉陰求陽，土龍改雨，已挾異術行之；而符端篇以改麟爲太平之兆，則緯書之説，其來已遠。張衡以爲緯起哀平之間，衡尚誤緯爲讖，未知本來也。自餘眭弘、夏侯勝、李守、翼□□，皆以占驗動人主，令霍光嘆儒術之可貴，亦立國者神叢狐鳴之類。傳燈録載佛二□八祖，皆能以咒語治毒蛇猛虎鬼神，今□教喇嘛猶行之，皆藉以行教者。後世儒術尊明，誠覺前人之迂怪，而未識創始之難也。不然，黄老之後，繼之以佛，儒學其能興哉。

若讖書，隋志謂三十篇，自初起至於孔子，九聖所增衍，實不知劉歆王莽所僞作，以盜天下，易聖經，張衡所謂起于哀平間者也。其書與緯皆相刺謬，與今學悖馳，隋志所謂文辭淺俗，顛倒舛謬，疑世人造爲之。光武囿于其俗，以圖讖興，正定五經，皆命從讖。後漢今學，皆有師法，莫不尊師而信緯，亦尊王而並用讖。王璜、賈逵、桓譚、尹敏之徒非之者，則古學家自立之説，因攻今學之緯，並攻其讖。夫讖之淺俗不足攻，緯則淵源彌遠，不可攻也。鄭君並爲之注。鄭君之注緯，宜也，其注讖，爲時所惑也。

鄭君之學，揉合今古，故並注讖緯。自古學大行於六朝，二千年來，無能別今學古學之真僞者，徒見緯之怪瑋，因與讖並爲一談而攻之。宋明攻鄭學，則以康成信讖緯爲毀訾。近時尊鄭，則又欲并其信緯之美而回護之。二家聚訟如一邱之貉，皆未足知鄭學，更不足知學之本原也。

中和說 光緒辛卯前作

朱子中和之說凡四。其與張欽夫第一書之旨，以爲人生知識無頃刻之停，不以日用流行爲已發，不以未與事接爲未發。蓋有渾然全體、應物不窮、萬起萬滅，而本體未嘗不寂然者。此卽以發窺未發，無彼此先後之可言，言道體也。

第二書以爲儱侗浩浩大化之中，自有安宅，乃是主宰知覺處，爲立大本，行達道之樞要。此言天命之性，統大本達道者，言性體也。

第三書又以前見爲非，而反求於心，以性情蘊于心而有動靜。中者，心之體，一性渾然而寂然不動者也；和者，心之用，七情迭用，感而遂通者也。然體用不離，必存仁而主敬，以貫乎動靜之間。未發而知覺不昧，爲靜中之動，已發而品節不差，爲動中之靜。此合性于心，而歸於主敬，言工夫也。

第四書答湖南諸公，又以平日工夫多用于已發時，缺却涵養工夫爲害，至此自悔所見一差，此工夫究竟仍歸之主靜也。

夫自周子開主靜立極之說，傳之程子。龜山傳道而南，常教人正心，須于喜怒哀樂未發之際體所謂中，既發之後得所謂和。羅仲素傳龜山之學，亦以中庸進退之由，必自未發之中，以至于肫肫淵淵浩浩，故教李延平、朱韋齊令静中看喜怒哀樂未發氣象。延平常終日危坐，驗未發時氣象，故教朱子亦以此言爲中庸之指要。朱子自幼從延平學，求未發之旨，未達。聞張欽夫得衡山胡氏學，往問之，亦未省。後沉思而自疑，取程氏書虛心讀之，然後知情性之本然。然自敍如此，又謂：「中和二字，道之體用，舊聞李先生論此最詳，後來所見不同，遂不復致思。今乃知其爲人深切，然恨不能盡記曲折。如云：人固有無喜怒哀樂之時，然謂之未發，則不可言無主也。又云：先言愼獨，然後及中和。當時既不領略，又不深思，遂成蹉跎，辜負此翁耳。」其晚自悔如此。蓋朱子説道理最惡儱侗，又參以程子主敬之説，以静爲偏，不復理會。迨晚年深悔用功之疏，而信延平立教之無弊，蓋經輾轉折證而後有此定論。朱子生平學力之淺深可見，而中和爲聖學之本，亦明矣。

王文成以鐘喻性體，謂未和時，驚天動地；已和時，寂天漠地。又曰：無前後内外，渾然一體。其徒薛中離謂，未發已發分開不得，若分開便有體用二源，我疆曰時時必有事，亦時時未發，未發云者，發而無發。朱子第一書所見相似，然朱子已自注其始見爲非矣。

或者以觀未發氣象，静坐發□□類于□，遂并朱子攻之。如汪容甫之輩，詆之甚力。蓋徵實之學，與窮理異。未發已發，夫便是發字。故析理如朱子，猶難言之。陳潛室曰：前輩於此境界，最難下言語。蓋雖是未發之體，已含萬用，如灰裏養火，冷灰中暖火自在，不宜撥着，才撥着則見火，不比禪家常惺惺，主人照管也。養火之説卽朱子所謂養涵工夫也。

善乎！明何文定之說曰：心之正與不正，見於既發之後，實根于未發之前。如鑑之不明，衡之不平，雖未照物懸物，而其體已不正矣。蓋意雖誠，而氣稟識見之偏或有未正，則接人處世之際，往往隨所偏而發。誠意之後，繼以正心，蓋欲其涵養此心于未發之時，無少偏倚，感物而動之際，又省察焉，使情之所發，用之所行，無一不中乎理也。此于朱子涵養之說最爲發明。蓋謂之中者，言性之本體，默坐澄心看未發氣象；而涵養之使得其中，則率性之工夫也。此足補正朱子正心章章句之誤，而實與龜山、延平相傳指訣合符矣。

劉念臺矯王學之流弊，以愼獨言未發，反以先儒看氣象爲落邊際，尚未知誠意正心之序，而亦忘延平先言愼獨，然後及中和之說也。蓋濂溪主靜之說，爲聖學之門者，皆出于中庸，終無以易。而爲訓詁之學者，亦終難以佛學攻之矣。

南海先生與朱一新論學書牘

一、朱侍御答康長孺書

曩奉教言，屬有他事，未遑卽復，甚歉甚歉！足下深識獨斷，扶植孔氏之遺經，摘發嘉新之僞制，以是自任，成一家言。僕方鑽研之不盡，奚敢復有異同？顧私心不無過計者。竊以爲僞周官、左傳可也，僞毛詩不可也；僞左傳之羼亂者可也，僞其書不可也。辭恉繁多，非倉卒所能究，約舉一二，以當寸莛之扣可乎？

足下不信壁中古文，謂秦法藏書者罪止城旦，又史記河間、魯共王傳無壁經之說。夫謂秦未焚書者，特博士所藏未焚耳，始皇本紀所載甚明，其黥爲城旦者，以令下三十日爲限，限甚迫矣。偶語詩書，罪且棄市，則設有抗令弗焚者，罪恐不止城旦。史文弗具，未可以是而疑秦法之寬也。當史公時，儒術始興，其言闊略，河間傳不言獻書，魯共傳不言壞壁，正與楚元傳不言受詩浮邱伯一例。若史記言古文者皆爲劉歆所竄，則此二傳乃作僞之本，歆當彌縫之不暇，豈肯留此罅隙以待後人之攻？足下謂歆僞周官，僞左傳，僞毛詩雅，互相證明，并點竄史記，以就己說，則歆之於古文，爲計固甚密矣，何於此獨疏之甚乎？

史公自敘，年十歲，則誦古文，儒林傳有古文尚書，其他涉古文者尚夥，足以悉以爲歆之竄亂。夫同一書也，合已說者則取之，不合者則僞之，此宋元儒者開其端，而近時漢學家爲尤甚，雖未嘗無精深之言，要非僕之所敢言也。

班史謂遷書載堯典、禹貢、洪範、微子、金縢諸篇多古文說，今案之誠然。足下將以此亦歆所竄亂乎？歆果竄此，曷不并竄河間、魯共二傳，以泯其迹乎？

古文尚書之可疑，以出自東晉，其辭緩弱，與今文不類，經閻惠諸家考之而愈明；左傳之可疑，以論斷多不中理，分析附益，自必歆輩所爲，故漢儒及朱子皆疑之。然漢儒齗齗爭辨者，但謂左氏不傳經，非謂其書之僞也。「處者爲劉」、及「上天降災」四十七字，孔疏明言其僞。班叔皮王命論：「劉承堯祚，著於春秋」。叔皮與劉歆時代相接，此爲歆輩附益之顯證。「上天降災」諸語，尤出於晉以後耳。左氏與國語，一記言，一記事，義例不同，其事又多複見，若改國語爲之，則左傳中細碎之事，將何所附麗？且國語見采於史公，非人閒絕不經見之書，歆如離合其文以求勝，適啓諸儒之爭，授人口實，愚者不爲，而謂歆之譎爲之乎？史記多采左傳，不容不見其書，或史公稱左傳爲國語則有之，謂歆改國語爲左傳，殆不然也。儀禮、左傳、國語、戰國策，皆後人標題，故無定名。諸子書亦多如是。猶史記非史遷本名。即稱太史公書者，亦楊惲所題，史遷當時初不立名也。

左傳、毛詩，傳授不明，班史雖言之鑿鑿，實有可疑，然左氏之可疑者，僅在張蒼賈誼以上耳。誼爲左氏訓故，其書不見於藝文志。太傅新書亦經後人羼雜，可據者，惟漢書本傳。本傳雖引白公勝之事，其出於左氏與否不可知。孟堅作張蒼傳甚詳，而并無一言與左氏相涉，書之晚出，自不待辨。但張禹以言左氏爲蕭望之所薦，其事實不能僞造，尹更始、翟方進、賈護、陳欽之傳授，魯國桓公、趙國貫公、膠東庸生之講習，耳目相接，不能鑿空。歆是時雖貴幸，名位未盛，安能使朝野靡然從風，羣誦習其私書耶？春秋序疏嚴氏春秋引觀周篇孔子修春秋，邱明作傳，共爲表裏，劉申受斥爲非嚴彭祖之言。夫左氏不傳春秋之義耳，曷嘗不傳春秋之事乎？其義則爲歆所竄亂。本傳固有轉相發明之語，爲可證也。

穀梁始立學時，亦多紛紜之論。然穀梁傳經，左氏不傳經，穀梁有師法，左氏無師法，穀梁靡所竄亂，左氏多所附益，加以移書責讓，怙寵逞私，諸儒之憤爭，固其所也，而可以是斷爲僞乎？左氏不傳春秋，此漢儒至當之言，劉申受作考證，據以分別真僞，僕猶病其多專輒之詞，深文周內，竊所不取。六經大旨，皎若日星，師說異同，雖今文亦有可疑。邱蓋不言，固聖門闕之旨，必鍛鍊之以伸己意，安用此司空城旦書乎？

毛詩晚出，與三家互有得失。三家之說，班史謂如不得已，魯爲最近。而魯詩久佚，近儒綴輯，百無一存。鄙書燕說，蓋猶不免，就其存者慎擇焉，以訂毛之失則可矣，欲廢毛而遠述三家，無是理也。足下謂今文與今文，古文與古文，皆同條共貫，大著未獲卒業，不知其說云何？以僕言之，則毛詩不盡同於古文也。十五國風之次與季札觀樂不同。昊天有成命，郊祀天地，與周官南北郊分祀不同。我將祀文王于明堂，且與今文孝經同。文王受命作周，則與今古文尚書皆同。其他禮制同於戴記者尤多。故康成以禮箋詩，雖或迂曲，要非盡古文之學也。行露傳「昏禮純帛，不過五兩」，與地官媒氏文同。天保傳：「春祠夏禴，秋嘗，冬烝」，與春官大宗伯文同。白華傳「王乘車履石」，與夏官隸僕文同。駉傳「諸侯六閑」，與夏官校人文同。夏官有挈壺氏，東方未明傳亦有之。秋官司圜有圜土，正月傳亦有之。此類皆似爲古文，同條共貫之證，然安知非劉歆竄亂周官時，剽竊毛傳，如梅氏古文尚書之比耶？皇皇者華傳：「訪問於善爲咨」，皇矣傳：「心能制義曰度」，皆同於左氏。此經師相傳遺說，不妨互見，猶穆姜論元亨利貞，與孔子文言同，可謂周易，亦僞作耶？歆移太常不及毛詩，彼固自有分別，可知毛詩不當與三家並斥也。陳恭甫疏證五經異義，所采有今文與今文，古文與古文各異者，亦間有今文與古文相同者，就其所采已如此，況許鄭之辨，不盡傳於今者乎。

聖人微言大義，莫備於易與春秋，二傳尤微言所萃。穀梁自范注行漢儒家法，不可得見矣，可見者猶有公羊解詁一書。後人不明託王之義，凡所爲非常可怪之論，悉歸咎于邵公；邵公不任咎也。然六經各有大義，亦各有微言，故十四博士各有家法。通三統者，春秋之旨，非所論於詩、書、易、禮、論語、孝經也。孔子作春秋，變周文，從殷質，爲百王大法；素王改制，言各有當，七十子口耳相傳，不敢著於竹帛，聖賢之慎蓋如此。詩書禮樂，先王遺典，使皆以一家私說羼於其中，則孔子亦一劉歆耳，豈獨失爲下不倍之義，抑亦違敏求好古之心。必若所言，聖人但作一經足矣，曷爲而有六歟？

王制一篇，漢儒後得，爲殷爲周，本無定論。康成於其說之難通者，乃歸之於殷；今更欲附會春秋改制之義，恐穿鑿在所不免。論語二十篇，可附會者，惟「夏時殷輅」、「文王既沒」數言，然既通三統，則韶樂鄭聲，何爲而類及之？春秋改制，猶託王於魯，不敢徑居素王之名。素王者，弟子尊之之詞，非夫子自稱也。匡人之圍，儼以素王自居，聖人果若是之僭乎？堯曰篇歷敍帝王相承之統緒，而次以子張問從政，固有微指，但此爲門人所次第。孔子之告子張，曷嘗有一言及於改制？近儒爲公羊學者，前則莊方耕，後則陳卓人；方耕間有未純，大體已具，卓人以繁露、白虎通說公羊，乃真公羊家法也，非常可怪之論，至於董子邵公可以止矣。劉申受於邵公所不敢言者，毅然言之，卮辭日出，流弊甚大。公羊與論語，初不相涉，而作論語述何以疏通之。戴子高復推衍之，其說精深，劇可尋繹，然謂論語當如是解也，然乎否乎？

足下曩言，西漢儒者乃公羊之學，宋儒者乃四子書之學，僕常心折是言。足下既知四子書與公羊各有大義矣，奚爲必欲合之？漢宋諸儒，大端固無不合，其節目不同者亦多，必若漢學家界畫鴻溝，是狹僻迷謬之見也。然苟於諸儒所畢力講明者，無端而羼雜焉以晦之，諒非足下任道之心所宜出也。漢學家治訓詁而忘義理，常患其太淺；近儒知訓詁，不足盡義理矣，而或任智以鑿經，則又患其太深。夫淺者之所失，支離破碎而已，其失易見，通儒不爲所惑也。若其用心甚銳，持論甚高，而兼濟之以博學，勢將鼓一世聰穎之士，顛倒於新奇可喜之論，而惑經之風，於是乎熾！戰國諸子，孰不欲明道術哉？好高之患中之也。

夫食肉不食馬肝，未爲不知味也。今學古學行之幾二千年，未有大失也。若周官，若左氏傳，若古文尚書，疑之者代不乏人，然其書卒莫能廢也。毋亦曰先王之大經大法，藉是存什一於千百焉，吾儒心知其意可矣。禮失求諸野，古文不猶愈於野乎？彼其竄亂之迹，歆固自言之，後人辨斥千萬言，不若彼無心流露之一二語爲足定其讞也。僕嘗盱衡近代學術，而竊有治經不如治史之謬論，方當多事之秋，吾黨所當講求者何限，而暇耗日力於兩造不備之讞辭哉？ 公羊多有切於人事者，宜講明之。通三統之義，尤非後世所能行，辨之極精，亦仍無益。漢時近古，猶有欲行其説者，故諸儒不憚詳求。今治公羊，不明是義，則全經多所窒閡，不足爲專家之學，若遍通於六經，殊無謂也。凡學以濟時爲要，六經皆切當世之用，夫子不以空言説經也。後世學術紛歧，功利卑鄙，故必折衷六藝以正之，明大義尤亟於紹微言者以此，宋儒之所爲優於漢儒者亦以此。質文遞嬗，儒者通其大旨可耳。周制已不可行於今，況夏殷之制，爲孔子所不能徵者乎？穿鑿附會之辭，吾知其不能免也。曾是説經而可穿鑿附會乎？若夫新周故宋，黜周王魯，惟聖人能言之。聖人且不敢明言之，漢儒言之，亦未聞疏通六經以言之。僕誠固陋，且姝姝於一先生之説，以期寡吾過焉。

不揣狂戇，無任主臣，幸辱教之。敬承起居，詞不宣意。

二、朱侍御復長孺第二書

頃辱手教，累數千言，見愛之意深矣。其中有足啓發鄙心者，亦多有不敢附和者，未暇一一詳復。大要足下卑宋儒之論，而欲揚之使高，鑿之使深，足下以是疑宋儒，而慮其同於佛老，僕則竊以是爲足下危也。宋儒之言，雖未必一無可疑，但疑之者不當更求高出乎其上。佛老之所以異於吾道者，爲其高也。高者可心知其意，而不可筆之於書，足下以董生正宋儒，而并欲推及董生所不敢言者，僕竊以爲過矣。

曩示大著皆録存，敬佩無已。君之熱血，僕所深知，不待讀其書而始見之。然古來惟極熱者，一變乃爲極冷，此陰陽消長之機，貞下起元之理。純實者甘於淡泊，遂成石隱；高明者率其胸臆，遂爲異端。

此中轉捩，祇在幾希，故持論不可過高，擇術不可不慎也。君伏闕上書，僕蓋心敬其言而不能不心疑其事。孔子之贊艮掛，孟子之論蚳鼃，其義可深長思耳。

莊生之書，足下所見至確，而其言汪洋恣肆，究足誤人。凡事不可打通後壁，老莊釋氏，皆打通後壁之書也。愚者既不解，智者則易溺其心志，勢不至敗棄五常不止，豈老莊釋氏初意之所及哉？然吾夫子則固計及之矣。以故，有不語，有罕言，有不可得而聞。凡所以爲後世計者至深且遠。今君所云云，毋亦有當罕言者乎？讀書窮理，足以自娱，樂行憂違，貞不絶俗，願勿以有用之身，而遂於無涯之知也，西人之説至謬，其國必不能久存，僕與諸生言論亦間及之，暇當録呈就正。承索觀拙著，僕學無所得，性懶又不肯著書，媿無以應足下之命耳。

三、朱侍御答長孺第三書

貴門人復洪給事書一通，讀訖敬繳。秦政焚書，千載唾駡，賢師弟獨力爲昭雪，何幸得此知己耶！雖然足下不鄙僕之庸愚，虚懷下逮，僕敢不以正對。自頃道術衰息，邪説朋興，聖學既微，異教遂乘間而入，氣機之感召，固有由來。憂世者亟當明理義以正人心，豈可倡爲奇衺，啓後生以毁經之漸？樂經先亡，已無如何，幸而存者，僅有此數。自僞古文之説行，其毒中於人心，人心中有一六經不可盡信之意，好奇而寡識者，遂欲黜孔學而專立今文。夫人心何厭之有？六經更二千年，忽以古文爲不足信，更歷千百年，又能必今文之可信耶？欲加之罪，何患無辭。

秦政卽未焚書，能焚書者豈獨秦政？此勢所必至之事，他日自有仇視聖教者爲之。吾輩讀聖賢書，何忍甘爲戎首！東坡謂其父殺人，其子行劫，不可不加之意也。近世言尚書者，坐梅賾以僞造古文之罪；既知其不足以與此，乃進而坐諸皇甫謐；既又知其不足與此，乃進而坐諸王肅，肅遂足以與此哉？治經所以明理，莫須有三字，固不足以定爰書，卽使爰書確鑿，亦不過争今古文之眞僞已耳，曾何益於義理？近儒謂古文雖僞，而作僞者皆有來歷，其書今不可廢，然則枉費筆墨何爲乎？此事本兩言可決，而諸老先生嘵嘵不已。僕方怪許子之不憚煩，乃足下知僞尚書之説，數見不鮮，無以鼓動一世，遂推而遍及於六經。嘻，其甚已！足下謂今文之與今文，古文之與古文，皆同條共貫，因疑古文爲劉歆所僞造。夫古文東漢始行，本皆孔氏一家之説，豈有不同條其貫之理？若今文固不盡同，西漢立十四博士，正以其説之有歧互也。立魯詩復立齊韓，立歐陽尚書，復立大小夏侯，一師之所傳且如此，况今古文之學，豈能盡同？今文家言傳者無多，自東漢時師法已亂，其僅存者乃始覺其同條共貫耳，豈西漢諸儒之説，果如斯而已乎？如魯詩説關雎與齊韓異，此類今猶可考。由此推之，今文必不能同條共貫也。乃執所見以概所不見，未免輕於立説矣。西漢之有家法，以經始萌芽，師讀各異。至東漢而集長舍短，家法遂亡，由分而合，勢蓋不能不如此。儒者治經，但當問義理之孰優，何暇問今古文之殊别？近儒别今古文，特欲明漢人專家之學，非以古文爲不可從，必澌滅之而後快也。古文果不可從，馬鄭曷爲從之？馬鄭而愚者則可，苟非甚愚，豈其一無所知，甘受人愚而不悟？劉歆之才識視馬融等耳，足下何視歆過重，至使與尼山争席，視馬鄭過輕，乃村夫子之不若乎？且足下不用史記則已，用史記而忽引之爲證，忽斥之爲僞，意爲進退，初無確據，是則足下之史記，非古來相傳之史記矣。凡古今學術偏駁者，莫不持之有故，言之成理，不然聰明之士，安肯湛溺乎其中？愈聰明，則愈湛溺，差之毫厘，繆以千里，故君子慎微。

夫學術在平澹不在新奇，宋儒之所以不可及者，以其平澹也。世之才士，莫不喜新奇而厭平澹，導之者復不以平澹而以新奇，學術一差，殺人如草，古來治日少而亂日多，率由於此。世亟需才，才者有幾，幸而得之，乃不範諸準繩規矩之中，以儲斯世之用，而徒導以浮夸，竊恐詆訏古人之不已，進而疑經，疑經之不已，進而疑聖。至於疑聖，則其效可覩矣。勢有相因，事有必至，明隆、萬間之已事，可爲寒心！夫今之學者，義利之不明，廉隅之不立，身心之不治，時務之不知。聰穎者以放言高論爲事，謂宋明無讀書之人；卑陋者以趨時速化爲工，謂富强有立致之術。人心日僞，士習日囂，是則可憂耳。不此之憂，而憂今古文之不辨，吾未聞東漢興古文以來，世遂有亂而無治也。

夫學以匡時爲急，士以立志爲先。四郊多壘，而不思臥薪嘗膽，以雪國恥者，卿大夫之辱也；邪說誣民，而不思正誼明道，以挽頹流者，士君子之辱也。古之儒者，非有意於著書，其或著書，則凡有關乎學術之邪正，人心之厚薄，世運之盛衰，乃不得不辨別之，以端後生之趨向。若二千餘載，羣焉相安之事，忽欲紛更，明學術而學術轉歧，正人心而人心轉惑，無事自擾，誠何樂而取於斯？充足下之意，欲廢毛詩，然毛詩廢矣，魯韓之簡篇殘佚，可使學者誦習乎？欲廢左傳，然左傳廢矣，公穀之事實不詳，可使學者懸揣乎？足下之說果行，其利亦不過如斯，若不可行，又何爲俛焉，日有孳孳費精神於無用之地也。伊古以來，未有不範諸準繩規矩之中，而能陶冶人才、轉移風氣者。足下之高明，其遂無意於是乎？極知言之僭越，然過承知愛，不敢不貢其愚。若其言之有關考訂者，前書已略陳之，無煩贅及。信而好古，多聞闕疑，僕雖不敏，亦嘗受孔子戒矣，敬以持贈何如？

四、致朱蓉生書 光緒辛卯年作

蓉生先生：前承教誨數千言，懇懇諄諄，若以祖詒爲可與言者而深責之，非大君子忠告之誠，愛摯之篤，何得聞此言乎！去年承教以「讀書窮理，足以自娱，樂行憂違，貞不絕俗，勿爲石隱，勿爲猖狂」。每念吾子造道之深，贈言之厚，誦之不忘。近世交友，只有酬應，不聞逆耳之言。今幸不棄于吾子，復存古人之義，僕雖不敏，頗自力于聞過知非之學，是用忭喜以受。惟區區此心，公尚未達之，似以爲有類于乾嘉學者，獵瑣文單義，沾沾自喜，日事謏聞而敏其論，果有關于風俗人心者則無有。若是，則爲君子之擯斥也固宜，故不敢默而息言，而欲稍陳其愚陋。連日下痢，故闕然久不報。頃搦管伸紙，滔滔言之，則近于逆指而文過。未信而諫，其言不入，故今亦不復及古今真僞之學。但僕之爲教，亦不敢以考據浮誇領率後生。今將門人功課部繳呈一二，覽之，亦可見鄙志之所存。蓋皆宋儒之遺法，非敢薄之也。

足下謂今之學者，義利之不明，廉隅之不立，身心之不治，時務之不知，名爲治經，而但治目録，名爲窮理，而但講應酬。大哉，言乎！深切著明。鄙人雖不肖，竊于此數言，頗能提倡之。躬行雖未至，竊喜足下與之合符，而門人興起者亦頗有人。雖未能大治身心，亦頗淡榮利，而講時務。似未軼乎規矩法度外也。推足下相規之深，緣僕于宋儒有未滿之論，故諄諄以新奇爲戒，以平澹爲歸。苦口良藥，至哉言乎。然昔朱子有云，每讀古人書，輒覺古人罅漏百出。僕不幸與朱子同病，隨舉一學，多有不滿前人者。蓋朱子最能精思窮理，窮至其極，則縋幽鑿空，力破餘地，雖有堅城嚴壘，亦無立足之所。僕雖愚，于窮理之學，窮有一日之長，故推陳出新，登峯造極，後生可畏，來者難誣，正不能以榮古虐今了却也。

蓋天下義理，無非日新，足下所戒，雖是儒先之讜言，然實非天理也。既非前人所言，自近新奇矣。學者論學，但當問義理之何如。義理以求仁爲主。若其不仁，安知平澹者之不特無益，而且以害人乎？言不可以若是其幾也。時各有宜，學各有主。佛是大醫，主教者自當因病發藥。當大病之時，而以茯苓甘草解之，平澹亦何益耶。牛毛繭絲，析之至細，條理枝葉，數之至繁，博大精深，前儒惟朱子有之，它不能也。僕生平于朱子之學，嘗服膺焉。特儒先有短，正不必爲之諱。且朱子教人以持敬之學，最美矣，而於經義何嘗不反覆辨論？卽詩序之偏，亦諄諄日與呂伯恭、陳止齋言之。豈亦得責朱子含義利、身心、時務不談，而談此詩序乎？蓋學固當本末兼舉，未可舉一而廢百，亦不能舉空頭之高論，抹殺一切也。朱子之學，所以籠罩一切而爲大宗者，良以道器兼包，本末具舉，不如陸子止齋之倫，滯在偏隅，如耳目鼻口之各明一義，不舉大體也。孔子之學，所以師表萬世者，更以道器兼包，本末並舉，不如諸子之各鳴一術也。

且公之書院，豈能不言經義哉？有一經解題目，當必有以斷定之。豈可坐令淆訛乎？今古不明，雖欲不坐視訛謬不可得。如西京先儒，皆讀秦未焚之書，爲孔子之後學四五傳，舍此不信，將誰信之？然此猶經解之空言，無關實事，誠可勿辨。若足下謂「未聞東漢與古文以來，世遂亂而無治」，則未之思也。春秋之指數千，皆爲二千年之治法所出，但恨未能盡行之。今不能偏舉，惟舉閹寺一政，春秋於閽弑吴子餘時，嚴不近刑人之戒。故同子參乘，袁絲變色。後漢書襄楷傳曰：「臣聞古者本無宦官，武帝末，春秋高，數遊後宮，始置之」。然未嘗垂于經典，後世人主，不敢法也。自劉歆僞周禮，上因漢制而存閹宦，後此常侍弄權，黨人戮辱，高名善士先受其禍，而國步隨之而亡。唐則神策握政，門生天子，甘露之變，慘被將相，而唐祚隨之。明則神廟假權，熹宗昏弱，忠賢柄國，戮辱東林，社稷獻城，明亦隨之而亡。今則李蓮英復弄政矣。後此忠賢復出，清流之禍方長，是劉歆一言喪三朝矣。古今之禍，孰烈于此？今吾國家尚未知息肩之所，卽此一端，僞經之禍已不忍言。足下未嘗深思，今古變制之由，宜以古文無罪而欲保護之也。

至于後世，君日尊侈，惟辟玉食之言，葉水心早已疑之。僕亦意此爲古文家亂入者。然未有如周禮天官之侈供張者，甚非樹后王君公，惟以亂民之義。惟王及后，世子不會之説，胡五峯亦大疑之。于是靈帝乃□作家西園成市，魏明帝築華林至使羣臣負土。六朝之敗，蓋不足言。若乃隋煬西苑，宋徽艮嶽，明皇之梨園三千，莊宗之脂粉百萬，試問今學民貴君輕之義，有竭天下以供一人之義否？其它今古大義方多，今日不能且與人言，姑將其真僞之故，同于考據之學者微示之意，令天下凡知學之士，咸得講求之。講求既入，自能推孔子之大義，以治後之天下，生民所攸賴，更有在也。若誠如今日之破碎荒鄙，則彼新約舊約之來，正恐無以拒之。諸賢雖激勵風節，粉身碎骨，上争朝政之非，下拒異教之人，恐亦無濟也。若慮攻經之後，它日幷今文而攻之。則今文卽孔子之文也，是惟異教直攻孔子，不患攻今學也。遺文具在，考據至確，不能翻空出奇也。彼教舊約，去年彼教中人亦自攻之，只分真僞與否，不能如此黑白不分也。昔朱子謂呂伯恭論多騎牆，兄是通于今學者，又作騎牆之論，何其似呂伯恭耶？

若謂僕妄竄史記，以成其說，據讀書雜志以爲今本史記出于王肅，肅爲古文家，此其確據可勿論。少昊、少康見于左傳，非僻書也，事關一朝，非細事也。而史記五帝三王本紀無少昊、少康事。后羿、寒浞雖是篡位，然四十餘年過于政、莽及朱温、石敬塘、劉智遠、郭威等矣。如今日修何承天之通史，輯司馬之通鑑，而舍却政、莽、五代，成何書也？史公雖陋，豈至是乎？正統相承，事關興亡，不著之本紀，而著少昊於律書，存羿浞、少康于越世家，有是理乎？史公雖不計史裁，亦無此理。兄能下語解之否耶？若必黨護劉歆，而攻史公爲陋，其誰信之？史記多竄，終無解于揚雄之語，其它條緒尚多。經義述聞、讀書雜誌、廿一史劄記、廿二史考異可考。固貴于多聞闕疑，亦貴好學深思。孟子最長于詩、書，而不信武成，且又取其二三策，又攻其血流漂杵以爲非武王之事，是固賴于論古有識。若僅循文守義，則三尺學僮能之，豈望于知言之大君子乎？足下豈謂此孟子之武成，非古本之武成耶？私行金貨以改經文，經文猶可改，何況史也？竊以爲足下之篤信，過矣。劉歆之僞經，既造僞文，又僞鐘鼎、僞簡册以實之。藉中秘之力，以抑外學之愚陋，惟同時學者知之。傳之百數十年，鐘鼎簡册益加古澤，使僕今日幸列校書，遇此異學，亦必爲惑。故雖在李育、何休亦祇攻左氏之義，不能攻其僞，何況馬鄭之篤信古文者乎？

且辨別經學，不能以愚智論，是有時焉。朱子能爲窮理之學，馬鄭所不能比者。然朱子亦不能知今學。今學二字之淺，朱子猶不知，豈得謂朱子爲愚耶？國朝顧、閻、惠、戴諸人用功于漢學至深，且特提倡以告學者。然試披其著述，只能渾言漢學，借以攻朱子。彼何嘗知今古之判若冰炭乎？不惟不知其判若冰炭，有言及今古學之別乎？夫兩漢之學，皆今學也。自鄭君混一今古之文，而實以古文爲主，魏晉之博士皆以古學，而今學遂亡。晉書荀崧傳所敍之十四博士，易則王氏、鄭氏，書則古孔氏、鄭氏，詩則毛氏，禮則云三禮鄭氏，春秋則云左傳、杜氏、服氏。崧請立公穀，時議以爲穀梁膚淺，不足立，許立公羊。後以王敦之亂卒不立。今學諸經皆亡于永嘉。公穀雖存，久無師說。沿及隋唐，定爲正義，宋世定十三經註疏，即今本也。唐人尚詞章，而不言經學。昌黎習之以古文，言道推本于經。穆修繼之，傳之尹洙以及歐陽，亦由古文以及經說。于是劉公是、王介甫、蘇東坡各抒心得以爲經義，皆不由師授，各出己見爲說，宋之經說遂盛，而朱子大其成。元延祐、明洪武立科舉，皆以朱子爲宗，國朝因之。凡御纂之經，皆宗朱子者也。總而言之，孔子作六經，爲後世之統宗。今學博士，自戰國立，至後漢，正法凡五百年而息。朱子發明義理解經，行于元明及本朝，亦五百年而微。國朝閻、毛、惠、戴之徒，極力主張漢學，能推出賈、馬、許、鄭以攻朱子，實僅復劉歆之舊，所謂物極則變也。然乾嘉之士，漢學大行，未有及今學。諸老學問雖博，間輯三家詩及歐陽、大小夏侯遺說，亦與易之言荀、虞者等，所以示博雅，非知流別也。至嘉道間，孔巽軒乃始爲公羊通義，然未爲知公羊也。近日鍾文烝爲穀梁補註，然未爲知穀梁也。直至道咸劉申受、陳卓人乃能以繁露、白虎通解公羊，始爲知學。則今學息滅廢絕二千年，至數十年間乃始萌芽，所謂窮則反本也。條理既漸出，亦必有人恢張今學而大明之，以復孔子後學之緒，而因以明孔子之道者，亦所謂惟此時爲然也。外論聞僕之言，每以爲狂，以爲二千年通人大儒輩出而莫之知，而待康某于二千年後發之，豈不妄哉？雖然，試問二千年中，何如哉？賢者不能爲時，此固無可如何者也。道者天下之公，非一人之私，蚩蚩者不足與言，以兄之明達，豈能無望也。

今日之害，學者先曰訓詁。此劉歆之學派，用使學者碎義逃難，窮老盡氣于小學，童年執藝，白首無成。必掃除之，使知孔子大義之學，而後學乃有用。孔子大義之學，全在今學。每經數十條，學者聰俊勤敏者，半年可通之矣。諸經皆無疑義，則貴在力行，養心養氣，以底光大。于是，求義理於宋明之儒，以得其流別；求治亂與衰制度沿革于史學，以得其貫通；兼涉外國政俗教治講求時務，以待措施，而一皆本之孔子之大義以爲斷。其反躬之學，內之變化氣質，外之砥礪名節，凡此皆有基可立，有日可按。若一格以古學，則窮讀兩部皇朝經解，已非數年不能，而于孔子之大義尚無所知，冥行擿埴。凡僕所見今日學者皆是，而彼能作經解，臨深爲高，已自俛視一切矣，欲其成學，豈不難哉？況真僞不容不分，而僞經之亂道，貽禍如是耶！

願各捨成見，虛心以求義理之公，幷商略教術，以求有裨于國家風俗人才之際，通達彼己，無爲閡礙。足下居高明之地，于轉移人才尤爲易易，豈能無少有垂採乎？書不盡言，言不盡意，敬布區區，悚息悚息，不任主臣之至。

五、朱侍御復長孺第四書

曩貢一牋，謬自託於他山攻錯之義，規諷深切。既發而輒悔，惴惴焉，惟見絕於大君子之門是懼。

乃復書冲挹，不以爲鑿枘而奬借之，且慚且感！世俗喜諛惡直，其不以規爲瑱者幾希矣，何幸昔賢雅度，猶得並吾世而親見之耶！雖然足下好善之忱則篤矣，而其所建以爲名者，僕雖固陋，誠期期明知其不可。來書謂僕不察足下之意，疑類於乾嘉學者之所爲，僕烏敢以是輕量足下哉！使足下僅獵瑣文單義，日事謏聞，則僕當宛舌固聲之不遑，豈敢復以逆耳之言進其謬。託於他山攻錯之義者，正以足下自處甚高，凡所論譔，皆爲一世人心風俗計，僕故不敢不罄其愚，冀足下剷去高論，置之康莊大道中，使坐言可以起行，毋徒鑿空武斷，使古人銜冤地下，而吾仍不得六經之用也。道也者，如飲衢尊然，無智愚賢不肖，人人各如其量，挹之而不窮。世之人以其平澹無奇也，往往喜爲新論，以求駕乎其上，遂爲賢智之過而不之悟。足下自視，其愚乎？其智乎？毋亦有當損過以就中者乎？周官、左傳，言不中理者，昔人未嘗不疑之而辨之。辨之可也，因是而遂遍及六經，於其理之灼然不疑者，亦以爲劉歆所贋造，歆何人斯，顧能爲此？足下徒以一疑似之周官而殃及無辜之羣籍，是何異武帝之沈命法，文皇之瓜蔓抄也！謂非賢智之過乎？漢時續史記者甚多，後人不察，往往混爲史遷之作，竹汀、甌北諸家皆辨之。辨之是也，因是而遂割裂其全書，強欲坐劉歆以竄亂之罪，歆如竄亂，自當彌縫完好，求免後人之攻，何以彼此紛歧，前後牴牾，罅漏百出，奚取於斯？足下爲此無徵不信之言，傅合文致，以成其罪。歆不足惜，如六經何？是奚翅宋人之三字獄，周室之羅織經也！謂非賢知之過乎？

從古無不敝之法，有王者作，小敝則小修之，大敝則大改之。法可改而立法之意不可改，故曰：「其人存，則其政舉，其人亡，則其政息。」政之敝壞，乃行法者之失，非立法者之失也。今託於素王改制之文，以便其推行新法之實。無論改制出於緯書，未可盡信，即聖人果有是言，亦欲質文遞嬗，復三代聖王之舊制耳，而豈用夷變夏之謂哉！當今之時，豈猶患新法之不盡行，而重煩吾輩喋喋爲之先導？足下其無意於斯道也，誠有意於斯道，則凡聖經賢傳之幸而僅存者，一字一言，當護持珍惜之不暇，而反教猱升木，入室操戈，恐大集流傳，適爲毀棄六經張本耳。足下兀兀窮年，何屑倒持太阿，而授人以柄？始則因噎廢食，終且舐糠及米，其殆未之思乎？原足下之所以爲此者無他焉，蓋聞見雜博爲之害耳。其汪洋自恣也取諸莊，其兼愛無等也取諸墨，其權實互用也取諸釋，而又炫於外夷一日之富強，謂有合吾中國管商之術，可以旋至而立效也。故於聖人之言燦著六經者，悉見爲平澹無奇，而必揚之使高，鑿之使深；惡近儒之言訓詁破碎害道也，則蕩滌而掃除之，以訓詁之學，歸之劉歆，使人無以自堅其說。而凡古書之與吾說相戾者，一皆詆爲僞造，夫然後可以唯吾欲爲，雖聖人不得不俛首而聽吾驅策。噫！足下之用意則勤矣，然其所以爲說者亦已甚矣。

古人著一書，必有一書之精神面目，治經者，當以經治經，不當以己之意見治經。六經各有指歸，無端比而同之，是削趾以適屨，屨未必合，而趾已受傷矣。劉申受、朱于庭之徒，援公羊以釋四子書，恣其胸臆，穿鑿無理。僕嘗謂近儒若西河、東原，記醜而博，言僞而辨；申受、于庭，析言破律，亂名改作；聖人復起，恐皆不免於兩觀之誅。乃以足下之精識，而亦爲所惑溺，豈不異哉！聖門教人，詩書執禮，性與天道，不可得聞。易、春秋皆言性道之書，游夏且不能贊一辭，而欲以公羊家之偏論，變易詩書禮樂，將使後人何所取信？學者何所持循？如足下言，尚書當讀者僅有二十八篇，餘自周易、儀禮、公穀、論、孟而外，皆當廢棄。五經去其四，而論語猶在疑信之間，學者幾無可讀之書，勢不得不問途於百家諸子、百家諸子之言，其果優於古文哉？

來書言，時各有宜，學各有主，而必以求仁爲歸。大哉言乎！微足下，僕不聞此言也。然求仁之說，將主孔孟，而以立達爲仁乎？抑主墨氏，而以兼愛爲仁乎？且今之時，何時乎？疾之可以猛攻者，必其少年堅實，偶感疵癘者也；若羸疾而攻以猛劑，不自速其斃者幾希！今之疾，其實乎？羸乎？而謂葠苓爲不足用乎？烏喙鉤脗，非常用之物，以之攻毒，毒盡而身亦隨之，況欲以之養生乎？足下以歷代粃政歸獄古文，其言尤近於誣。當西漢時，古文未興，何以有孝武之窮兵，元成之失道？此非事實，僕以爲不足辨也。六經、四子之書，日用所共由，如水火菽粟之不可闕，無論今文古文，皆以大中至正爲歸，古今止此義理，何所庸其新奇！聞日新其德矣，未聞日新其義理也。乾嘉諸儒，以義理爲大禁，今欲挽其流失，乃不求復義理之常，而徒備言義理之變。彼戎翟者，無君臣，無父子，無兄弟，無夫婦，是乃義理之變也。將以我聖經賢傳爲平澹不足法，而必以其變者爲新奇乎？有義理而後有制度，戎翟之制度，戎翟之義理所由寓也。義理殊，斯風俗殊；風俗殊，斯制度殊。今不揣其本，而漫云改制，制則改矣，將毋義理亦與之俱改乎？百工制器是藝也，非理也。人心日僞，機巧日出，風氣既開，有莫之爲而爲者，夫何憂其藝之不精？今以藝之未極其精，而欲變吾制度以徇之，且變吾義理以徇之，何異救朋而牽其足，拯溺而入於淵？是亦不可以已乎！人心陷溺於功利，行法者借吾法以逞其私，而立一法，適增一弊。故治國之道，必以正人心，厚風俗爲先，法制之明備，抑其次也。況法制本自明備，初無俟借資於異俗，詎可以末流之失，歸咎其初祖，而遂以功利之説導之哉？世之揣影聽聲，愚而可憫者，既不足以語此，一二賢智之士，矯枉過正，又以爲聖聖相傳之詩書禮樂，果不足以應變也，而姑從事於其新奇可喜者，以爲富強之道在是。彼族之所以富強，其在是乎？其不在是乎？抑亦有其本原之道在乎？抑彼之所謂本原者，道其所道，而非吾中土所能行，且爲天下後世所斷斷不可行者乎？以足下之精識，而亦惑溺於是，則斯道其奚望也！

足下服膺孟荀，荀子之言曰：「君子行不貴苟難，説不貴苟察，名不貴苟傳，惟其當之爲貴」。孟子之言曰：「君子反經而已矣。經正則庶民興，庶民興，斯無邪慝」。歷觀往古治亂之原，未有不由乎此者也。足下不語經而語權，不貴當理而貴苟察，是則近世爲公羊家言者誤之也。僕不肖，屢辱知己之言，其敢默而息哉！貴門人日記十二册，窮日之力讀之。高明沈潛，各極其勝。足下因材善誘，所標舉者，尤多詣微之言，河汾江漢，成就殆未可量，而惜乎其以僞經改制之説羼之也。懷不能已，再布區區，惟足下裁擇焉。

六、答朱蓉生書　光緒辛卯作

省讀賜書，所以規刺之者益切，非辱愛之厚，不可得聞。然竊怪足下所發，皆浮淺之論，而未深推乎大道之精，所規皆支離疑似之言，而未中乎鄙人癥病之結。譬如射者未能中鵠，則必至桑弧蓬矢而射天地四方也。僕近攻僞經，因孔子後學之緒，西漢博士之説，而發明之，以其爲古學沈墜久矣，故僕列白而正言之。孔子之學，真僞之大，不知則已，知則日不能已乎言，非有新奇也，且皆西漢說耳，未嘗自出一說也。時人服習於僞古之學，浸淫二千年，譬河北遺民，久經劉石之亂，燕雲故老，樂于契丹之治，一旦劉裕東來，藥師南至，咸以島夷南蠻目之，自忘其爲中國遺民矣。學既以浮淺之思，未考今古真僞之別，乃反以僕爲攻經。成濟久事于司馬，樂爲倒戈；游吉久習于鄭逆，焉知王室。足下前以馬鄭爲據，馬鄭主古學者，卽成濟之倫也。

二千年中，雖大儒輩出，然無一人知今古之辨者。人莫不自尊其學，管子所謂人相十則自謂過之，相百則毀之，相千則誰何而不信，況有尊古之心哉？僕故發明漢前只有今學，更無古學，自魏晉後至國朝，則古學、朱學，無有知今學者。道咸之後，乃始前□□□，時未至，則賢者不能鑿空，猶宋明人不知小學。錢竹汀所謂王厚甫不識孝字，今則三尺學僮能讀說文者，莫不別之，豈謂學僮勝于深甯哉？時爲之也。僕之忽能辨別今古者，非僕才過於古人，亦非僕能爲新奇也，亦以生於道咸之後，讀劉、陳、魏、邵諸儒書，因而推闡之。使僕生當宋明，亦不知小學；生當康乾，亦豈能發明今古之別哉？既至今日，卽使僕未能發明，□闢大□上下，公羊之學大盛，十年之內，亦必有人推闡及此。蓋今學之界一明，苟有細心人推闡諸經之說，其異同自見，真僞日出，誠非異事也。不先發于一文質無底，位禄容貌不足動人如祖詒也。人微言輕，其不足信人而辱經也固宜。然義理之確，顛僕不破，天下讀書人固多精心者，他日禮制文字之書既出，百數十年今學不昌者，僕不信也。此固可以理測之也。

僕言今古劉朱之學相盛衰者，正以循環之運，窮則反本，方今正當今學宜復之時。氣則有陰陽，世則有治亂，天道日變，異于舊則謂之新，僕所謂新者如此。足下不察，乃就義理言之，何大異耶？又以運會言，欲足下因此深思，自可豁然于古學之僞，不復以馬鄭爲據，而以董劉爲歸，而上尋孔子之緒可也。足下言劉向說苑新序與羣書多不合，案此二書，足下惑溺古學，故認賤作皆今學家說，劉歆背父，改易羣經，自與之易主耳。漢徐防傳言，文人家法，惟今學有之，古學則無。今學家不獨無古學之說，幷公羊家不述穀梁，穀梁家不稱公羊。史公今學家，安得有異說，此又可以條例通之。若古學家最無師法，如六宗之義，劉歆以爲天地之子，賈逵以爲祭法寒暑四時水旱諸察，馬融以乾坤四時，鄭玄以爲司中、司命、風師、雨師，四師不同。其妄造經說，不見若少康，見于夏本紀者，係平世踐阼，毫無事跡，非有中界之功，如左傳云者，若有之，史公于本紀，何得不敍？僕前論及此。至離騷等爲劉歆校改，已見僞經考，望檢詳之，今語及，足下何不詳察。論少康事文義明顯，足下尚未通僕意甚矣。聽言而知人意之難，望足下後此細心，不然則無不鑿枘矣。

不圖足下閱門人課部有西學者，遂謂僕欲嬗宋學而興西學。且援觀人于微之義，謂僕取釋氏之權實互用，意謂陽尊孔子，陰祖耶蘇耶？是何言歟？馬舌牛頭，何其相接之不倫也！不待自省，相去乖絶，雖□敬足下，此說實在不辨之列。然足下君子人也，求之今日，何可復得，且相交未久，未能相知，而世間或有人耳，且辱足下之愛，不可不揭露一二，以曉足下。故復爲書，不復拘文牽義，冒觸而略吐其愚。竊以足下不獨不知僕，且不知西人，幷未嘗精意窮經，于孔子之道之大，未能知之也。

以僕言之，少受朱子，學于先師九江先生，姁姁篤謹。然受質頗熱，受情多愛，久居鄉曲，日日覩親族之困飢寒，無以爲衣食，心焉哀之。又性好史學，尤好通考、經世文編之言制度，頗慕王景略、張太岳之爲人，倜儻日足。然伏處里閭，未知有西學也。及北試京兆，道出香港、上海、天津入京師，見彼族宮室橋樑道路之整，巡役獄囚之肅，舟車器藝之精，而我首善之區一切乃與相反，□然驚。歸乃購製造局所譯之書讀之，乃始知西人之政教風俗，而得無根本節目之由。昔與延秋、星海，未嘗不極論之，及在都，與伯熙、仲弢、子培諸公皆昌言焉。且以告屠梅君侍御，屠君囑開書目而購之，并代上請開鐵路一摺。此摺似曾呈閱于左右。卽與足下相見雖希，而廣雅末席，亦嘗妄言，此足下所聞也。故僕之言學，及應改制度，蓋日日公言之，非待掩飾閉藏，陽儒陰釋者也。

吾今且以質足下，以爲今之西夷與魏、遼、金、元、匈奴、吐蕃同乎否乎？足下必知其不同也。今之中國與古之中國同乎異乎？足下必知其地球中六十餘國中之一大國，非古者僅有小蠻夷環繞之一大中國也。今以不同于匈奴、吐蕃、遼、金、蒙古之西夷數十國，其地之大，人之多，兵之衆，器之奇，格致之精，農商之密，道路郵傳之速，卒械之精鍊，數十年來，皆已盡變舊法，如輪舟始于嘉慶二十五年，鐵路始于道光二十二年，鐵甲船始于咸豐九年，以民爲兵始于光緒二年，電線始于道光二十九年，凡百新法，皆出數十年來，并非西人舊法。日益求精，無日不變。而我中國尚謹守千年之舊敝法，卽以騎射之無用，人人皆知，而□□尚動稱守祖宗之舊，未肯少變。自□□□□言之，至于今蓋三十八年矣。衣重裘而行烈日，披葛縠而履重冰，其有不死者乎？使彼不來，吾固可不變。其如數十國環而相迫，日新其法以相制，則舊法自無以禦之。是故香港割，洋行開，御園焚，熱河幸，安南失，緬甸亡。俄不費一矢而割混同、庫頁六十里之地與之，自古割地所未有乃至蕞爾之日本，亦滅我琉球，窺我臺灣，而補二十萬萬，今高麗又將叛矣。是時才臣名將，布滿中外，然猶如此。甲申一役，法人僅以輕師游弋海疆，而我天下震動，廢餉數千萬，至今瘡痍未弭。

方今幸俄有內亂，法爲民主，議論未定，日本極強耳，故我可安旦夕；數年後俄人鐵路既成，我中人服□于外者，咸爲人逐歸，內訌外患，其何可知？且狡焉思啓，何國蔑有？不能日強，則蜂蠆有毒，亦可腐爛。土耳其陸師爲天下第一，鐵甲船亦三十矣，丁亥之役，以教事開釁，六大國環泊兵船，迫其變政，一切大政，歸六國使臣主之，失其自主，東割科託于波，北割黑海于俄，南割白海於希，西割苏次戈二部于奧，門的內哥羅馬亞三藩土自立爲國。一戰之間，割疆失政，爲人保護之屬國，可爲前鑒。試問異日若有教釁，諸夷環泊兵船以相挾制，吾何以禦之？彼使臣執吾之政，以其教易吾教，且以試士，試問吾今日之作八股，託于孔子，爲任孔子之道者，抑爲舉人進士來乎？杜工部曰：「勿令鞭血地，重濕漢臣衣」。國亡教微，事可立覩，諸君子乃不察天人之變，名實之間，猶持虛說，坐視君民同滅而爲奴虜！僕雖愚，不敢以二帝三王之裔，四萬萬人坐爲奴虜，而徇諸君子之虛論也。周子亦言，天下勢而已矣，若吾力強，可使吾孔子之學，中國聲靈，運一地球，吾不自立，則并其國與其教而并亡之。足下豈未之思乎？昔在京師，每遊萬壽，覩瓦礫之場，未嘗不發憤，過香港，經虎門，念關天培之全軍覆沒，未嘗不歎恨。今之遊香港者，不知□□已履異國否耳。願足下及天下之士，日思庚申八月十六之事，則當必有轉移之用，而必不肯坐守舊法之虛名，而待受亡國之實禍者，此僕所以取彼長技而欲用之也。

若夫義理之公，因乎人心之自然，推之四海而皆準，則又何能變之哉？欽明文思，允恭克讓之德，元亨利貞，剛健中正之義，及夫臯陶之九德，洪範之三德，忠信篤敬，仁義智勇，凡在人道，莫不由之，豈有中外之殊乎？至于三綱五常，以爲中國之大教，足下謂西夷無之矣，然以考之則不然。東西律制，以法爲宗。今按法國律例，民律第一條云，此律例係由國王頒行，凡列名于法國版圖中者，無一人不應欽遵謹守。第十八條云，凡形同叛逆，欲行謀害國王者，照弑父大逆重案科罪。此條在論治叛逆，與不論尊卑僭分干犯國王及宗室一條內，皆道名分者，不能悉數。其第二節，論治官員，在任內干犯罪過，有不忠于君而失其職守之例。第三百七十一條云，凡一切子女，無論其人何等年歲，須於其父母有恭敬孝順之心。三百七十二條云，凡一切子女，爲其父母所莞屬。第三百七十四條云，凡爲子女不能擅離父母之家，除有令其前父命往某處者，始可挪移。第二百一十三條云，凡爲婦者，應爲其夫者所管屬。第二百十五條云，凡一切婦人不能自主作爲，及事中見證，須有其夫之命，始得前去。第一百零八條云，凡既經出嫁之婦，不得自謂有家居之所，應隨其夫之家以爲家。第一百四十八條云，凡男女不能自具意見，妄爲結婚，須有父母允准之命，始可結婚。第一百六十二條云，凡自其一祖相傳一脈直族旁族之人，不能結婚。但其名分係兄弟姊妹者，均不得結婚。卽姊夫妹夫，亦不能與舅嫂等輩結婚。由斯觀之，豈非莊生所謂父子天性也，君臣之義無所逃于天地之間，凡人道所莫能外者乎？

至於人心風俗之宜，禮義廉恥之宜，則管子所謂四維不張，國乃滅亡。有國有家，莫不同之，亦無中外殊也。法國刑律第二十八條，凡有案犯，除治以應得之罪外，該犯卽爲衆人不齒之人。第三十四條，凡爲衆人所不齒之人，不准其充當一功職役，不准其被人荐保，不准其保荐人，不准給帶寶星有經理司□之權，並爲介紹質證刑忤鄉團兵弁師友教習監督，均不准充當，卽爲衆人不齒之人。以此知彼族亦極尚廉恥也。彼惟男女之事，不待媒妁，稍異于吾道，自餘皆無之。誠如足下所謂，六經之道，日用所共由，如火不可缺，僕卽欲叛而逃之，則行偏地球，亦如足下所謂，未聞有所謂所奇者。如足下謂，彼族無倫理，而有義理以爲其制度，此則眞所謂新奇，然西人□□□□□□無之，不知足下何所指也。考之西俗既如此，則謂僕爲變義理，僕將以何變之哉？若將從其教，則彼新約之淺鄙誕妄，去佛尚遠，何況六經之精微深博乎？其最大義，爲矯證上天，以布命于下，亦我六經之餘說，非有異論也，卽使僕能悖謬，其知僕頗能窮理何？故知西人學藝，與其教絕不相蒙也。以西人之學藝政制，□以孔子之學，非徒絕不相礙，而且國勢既強，教藉以昌也。彼國教自教，學藝政制自學藝政制爾，絕不相蒙，譬之金元入中國，何損于孔子乎。方今四海困窮，國勢微弱，僕故采用其長，門人問者，亦以告之。後生讀書無多，不得其根本節目，不大斥之，則大謷之，經屢批斥，或加勒帛，且頗禁讀之。緣學者不知西學，則愚闇而不達時變，稍知西學，則尊奉太過，而化爲西人，故僕以爲必有宋學義理之體，而講西學政藝之用，然後收其用也。故僕課門人，以身心義理爲先，待其將成學，然後許其讀西書也。然此爲當時也，非僕今學也。

僕昔者以治國救民爲志，今知其必不見用，而熱力未能銷沮，又不佞佛以爲木石，必有以置吾心，故杜門來，專以發明孔子之學，俾傳之四洲，行之萬世爲事。極知綿薄不逮，然見棄于世，終日醉飽，無補時艱，聊遣歲月，或有補益，且精思妙悟，自視不後于恆人，故謬以自任，如揭鼓而招亡子，然此則僕近歲之志也。或者孔子道至大至中，不患不行，是亦不然。僕以爲行不行，□□力而已，力者何？一在發揮光大焉，一在宣陽布護焉。凡物美斯愛，愛斯傳，此一義也。然名譽不聞，則美弗著；政俗已定，則美難行。今地球四洲，除亞洲有孔子與佛回外，餘皆爲耶所滅矣。使吾國器藝早精，舟車能馳於域外，則使歐、墨、非、奧早從孔學可也，耶氏淺妄，豈能誘之哉？吾既不能早精器藝，坐令彼誘之而自大，此不宣揚之失策也。夫吾孔子之教，不入印度，而佛能入中國，豈孔學不及佛哉？傳與不傳異耳。此其明徵也。若教既交互，則必爭長，爭之勝敗，各視其力。先入爲主，則國俗已成；尊奉既定，則難于改革。耶穌之教，所至皆滅，至於入土耳其、波斯及吾中國，則數百年猶格格不少行焉，所謂先入爲主，難于改革也。然彼奉教之國未滅亞洲耳。若國步稍移，則彼非金元無教者比也，必將以其教易吾教耳。猶吾孔教本起中國，散入新疆、雲南、貴州、高麗、安南也。以國力行其教，必將毀吾學宮而爲拜堂，取吾制義而發揮新約，從者誘以科第，不從者絕以戮辱，此又非秦始阬儒比也。

今天下日誦孔氏之書，而□□□然不過藉以邀利祿耳。足下閱徧天下士矣，篤信好學，守死善道，可信者有幾人哉？夫當風俗共尊，世主欣尚，守道者有□□特豚之榮，萬世瞻仰，然人士猶慕一日之富貴，舍之而逃。況新國主之榮辱，相形而□見，間有一二遺老，鷄鳴不已者，抱書空山，閱百年後，亦已澌盡。後生見聞不接，父以誨子，兄以誨弟，惟利是務，即有好事，搜羅古教，或藉以僅傳一二，再閱歲年，當不可聞。僕每念及此，中夜攬衣，未嘗不流涕也。故僕之急急以強國爲事者，亦以衞教也。沮格而歸，屏絕雜書，日夜窮孔子之學，乃得非常意義，而後知孔子爲創教之聖，立人倫，創井田，發三統，明文質，道堯舜，演陰陽，精微深博，無所不包。僕今發明之，使孔子之道有不藉國力而可傳者，但能發敷教之義，宣揚布護，可使混一地球。非宣揚則亦不能，故今最要是敷教之義。僕竊不自遜讓，于孔子之道，似有一日之明，二千年來無人見及此者。其它略有成說，先闢僞經，以著孔子之真面目；次明孔子之政制，以見生民未有。僕言改制自是一端，于今日之宜改法亦無預，足下亦誤會。以禮學字學附之，以成一統；以七十子後學記續之，以見大宗。輯西漢以前之說爲五經之注，以存舊說，而爲之經；然後發孔子微言大義，以爲之緯。體裁洪博，義例淵微，雖汗青無日，而□□窮年，意實在此，若成不成則天也。若有所藉，則以此數書者，宣孔子之教于域外，吾知其必行也。僕生平志願舉動，似出乎常緯，故人皆謗笑。天下滔滔，誰可語此？揚□之□奉，今亦不敢強聒也。足下聞之，想亦嗤其狂愚而已。若墨氏之學，非命明鬼，皆不可通，尚儉亦不可行，若其非攻，則孔子有之，穀梁謂□淵之會，中國夷狄不侵者八年，美□建□戍之力，□□□□則貶而不□，孟子發之尤切。至於兼愛一義，亦出大戴，所謂孔子兼而無私，此二字無可議者。孟子之攻之者，當時自有所在，二千年實無議之者。昌黎等輩，安能解此？墨子在戰國，與孔子爭者也，故自行改制，短喪薄葬，非儒非命，皆力與孔子爲難。孟荀爲孔子後學，自當力拒之。孔子最尊父子，特傳孝經，墨子則無差等，故以爲無父，此實不可行者也。今僕所養者，仰事俛畜，僅及一家耳，安有與路人平等者。卽以爲養，亦人道所不能行，僕安能從之？此亦所謂不待辨者也。故謂足下亦不知僕，亦不知西人，且不知孔子之道之大也。

竊觀足下義理甚明，節行甚高，條理甚安詳，行事有法度，議論通古今，喟然憂國家，罷黜而不怨，好賢而愛士，今之君子也，故折節敬服。然足下之言義，尚泥乎宋人之義理，而未深窺孔子之門堂；任事則深採老子之術學，而未盡□大直方之概；窮經說則篤守舊說，而未能精思推闡其奧；爲教術則狹隘緩卑，而未規模條理之精詳。氣魄未堅，骨髓未緊，堂室未成。鑒經說之繁，不精深求大道，故以史學爲貴；惡夷狄之名，不深求中外之勢，故以西學爲諱。足下有直節高行，海内瞻仰，關係不少，願俛心抑氣，採及葑菲，去自尊之成心，屏夙昔之習見，以求孔子之大道，及古今中外之宜，必有所進也。辱愛甚至，故敢竭其區區。若僞經考，事理萬千，足下若欲正之，望將此書逐條纖駁。至于窮處，足下必能内疑而目及，一二偏說單辭，終久不能合併，徒費紙墨，終無益也。若垂省察，此後國事之講求，身心之理會，幸以賜規，無爲疑似，以相閡窒。披露膽素，盡于此書，死罪死罪。其存之在足下，其罪之亦惟足下。

七、朱侍御答長孺論性書

曩劇談徹夜，深幸固陋之見，有契高明，而論性則終以不合，此古來聚訟之事，非獨今爲然也。竊意夫子之言性，明著於繫辭、論語，與詩、書、中庸、樂記所言，若合符節。自告子荀子之論出，乃始與老、莊、釋氏相混，其說甚長，曾於答諸生問目中及之，他日當録以就正。今君論性以荀董爲歸，僕姑舉二家之失，而折衷於聖人可乎？

繫辭：一陰一陽之謂道。陰陽者，氣也；道者，兼理與氣之名也。舍陰陽無以見道，舍氣無以見理，而理則實宰乎氣。人得是理以生，愚者可以與知能，智者可以贊化育。氣有昏明厚薄之不同，斯理之隨氣以賦者，亦因之爲差等。苟無是理以宰是氣，則人物之生，渾然一致，而人之性真同於犬牛之性矣。人之所以異於禽獸者，以其有此五常之全理，五常本於陰陽，陰陽本於太極。物物一太極，故禽獸亦問有具五常之一體者，特見偏不見全。蜂蟻之君臣，雎鳩之夫婦，豈可與人相提而並論？蓋太極者，道之未形也，道既形則善之名以立，性之類以分。惟人也，得天地之中氣，故有物必有則，有氣必有理，繼之者善，純以理言，成之者性，則兼理與氣言，理氣合而成質，故恆言曰氣質。理在氣中，言氣不必復言理也。理無形象，無方體，因氣以著，要不得謂有氣而無理。譬之木焉，其受規矩準繩者質，其生是木者氣，其生是木而必使之中規矩準繩者理。無是理，則木之生何以不中陶冶而中匠石？人之生何以不爲禽獸而爲聖賢也？成性者物所同，繼善者人所獨。人惟得此本然之善，乃能窮理以盡性，盡性以至命。物則烏乎能窮理者？窮此繼善成性之理，求復乎天命之本然，而一切氣拘物蔽，皆有以辨其惑而袪其累，故曰天命之謂性，率性之謂道，修道之謂教。若人性本惡，則亦何理之可窮，何道之可修，何性之可率？而天之所以與我者，惟是凶惡頑嚚之物，吾當蔑性之不遑，怨天之不暇，仲尼何必復知天命，文王何必純亦不已，而與此專生惡物之天合德也？且繫辭所謂窮理者，將窮極凶惡而後可以盡性至命乎？有是理乎？率之訓循，經典達詁。王充論衡獨訓爲勉，於古無徵。謂率勉於學則可，謂率勉於性則不可。王充乃云：「教告率勉，使之爲善」，是則修道謂教之事，而豈率性謂道之事耶？充於中庸文義，尚未盡明，其言烏足依據。

召誥曰：「節性」。祖伊曰：「虞性」。卷阿曰：「彌性」。惟氣有昏明厚薄之不同，故性當節；惟氣有理以爲之宰，故性可節。虞性、彌性云者，合乎當然之則，以充乎本然之量，即窮理盡性至命之謂也。夫性何以節？特有禮而已。禮也者，理之不可易者也。本於太一，殺於萬殊，皆所以範其血氣心知，以漸復乎天命之本然，而初非有所矯揉造作。義以爲質，禮以文之，是故措諸天下而咸宜，俟諸百世而不惑，若人性本惡，則當毀冠裂冕，棄禮易樂，喻焉而莫能從也，威焉而莫能遏也。吾未聞梟獍在前，犬羊在後，而儒生可持一卷之書以格之，聖王可持五禮之制以化之也。此無他，其性與人殊也。惟人則不然，有物必有則，有氣質必有義理，有父子必有慈愛，有君臣必有等威，放諸東海而準，放諸西海而準。猺獞之悍族，貉貐之野人，其俗與人異，其君臣父子未嘗不與人同。其同焉者性也，其異焉者習也，其失本心而至於幾希禽獸者，習也，非性也。故四端貴乎擴充，夜氣在乎存養，孟子七篇多言審端致力之事，曷嘗任性而廢學哉？繫辭之窮理盡性，論語之性近習遠，與孟子之言性善一也。惟性善故相近，惟性善故可學。若人性本惡，則不待習而已遠縱，欲學而不能，又何相近之有？後儒不達孟子之意，並不達古書之義例，動以越椒商臣相詰難。夫春秋二百四十年，如越椒商臣者有幾？聖賢但道其常，豈可以一二人之偶異，而昧億兆人之大同！犬馬戀主，禽鳥報德，傳記所載，間亦有之，然論性者，終不以一二物之偶類乎人，遂謂犬之性猶人之性，獨於越椒商臣疑之，抑何不充其類也？天下未必無梟獍，而吾目之所接，日見六畜而未一見梟獍，則亦何必舉所不見以爲說，而轉昧乎同然之理哉？是以先王之制禮也，有順而致焉，有逆而致焉。其順而致也，以人性之本善，惻隱羞惡，是非辭讓，理固具於生初，知皆擴而充之，可以贊天地之化育也；其逆而制也，以理寓乎氣，性發爲情，氣有昏明厚薄之不同，其發之也亦異，苟失其養，則旦晝梏亡，人欲肆而天理滅。人欲肆而天理滅，則其違禽獸不遠矣，非禮無以防之也。

聖人不授權於氣質，而必以善歸諸性，故質有善有惡，情有善有惡，欲有善有惡，惟性也有善而無惡。彼荀卿者，蓋以情爲性，昧乎性之本原，而又好爲立異，不自知其言之過當者也。信如所言，是聖王制禮，但爲苦人之具，而並非順乎性之自然，無惑乎老、莊、釋氏之徒，皆欲逃出乎禮法之外，昌言棄禮而不之恤矣。且荀卿以學爲起性化僞，夫三代後士多以詩書爲文飾之具，其能變化氣質者，千不獲一焉，何以天理民彝之正不絕於終古？毋亦人心之所同然，皆得於賦畀之初，而不容自昧者乎！謂學以擴充四端，則可謂學以起性化僞，烏乎可？荀子尊學而絀性，沿流而昧原，悍然斥之曰性惡。夫尊學者是也，絀性者非也。假有人焉，謂吾之性已惡矣，雖力學何所用之。吾聞甘受和，白受采，未聞苦而可以受和，緇而可以受采也。夫既命吾以惡，吾寧順天而行，恣睢暴戾，以快吾一日之欲已耳！是尊學適以廢學，荀子其何說之辭？藉曰有激而云然也，惡有大儒垂訓而可以立言矯激者乎？而況其爲論性之大乎？董子長於言陰陽五行，而短於言性知性。禾善米，亦知禾之中固有米而無稂莠乎？知性如繭如卵，亦知絲在繭中，苟無絲何有繭；雛在卵中，苟無雛，何有卵乎？卵之不能爲絲，繭之不能爲雛，理也。惟性之不能爲惡，亦理也。謂性與善各有主名，不容以性爲善，然則性與惡亦各有主名，獨可以性爲惡乎？有物必有則，猶之有繭必有絲，有卵必有雛也。繼之者善，成之者性，人性之善，猶水之就下，聖賢所斤斤致辨者，曷嘗混性與善而爲一。如欲深察名號，則水自就下，不可卽以水爲下，容得謂水之不就下乎？性自皆善不可卽以性爲善，容得謂性之非本善乎？譬諸繭自出絲，卵自出雛，不可卽以繭爲絲，以卵爲雛，容得謂繭非始於絲，卵非始於雛乎？有雛種而後成卵，有絲種而後成繭，有繼善而後成性，是董子之言，反若與孔孟相發明，而又何疑焉？且董子明陰陽五行，既知身有性情，猶天之有陰陽矣，蓋亦思陰助陽以生物，陽之德固主生而不主殺乎？謂性不皆善，是必天地不以生物爲心而後可也。天道無不善，則稟乎天以爲性者，安有不善？董子但知善出於性，而不知性實出於善，已顯與繫辭相悖，乃漫援善人有恆以爲喻，其說益復支離。善人者成德之稱，豈性善之謂乎？近人好攻宋儒，見有與宋儒異趣者，無論理之是非，必稱述之以爲快。夫宋儒豈必一無可攻，要非矜心躁氣者所能譁以求勝。今舍詩書之微言，繫辭之明訓，徒取諸子駁雜無當之說，以與聖賢相枝柱，而適流爲異端之歸，何取乎爾？荀子之書，大醇小疵，三十二篇中，惟解蔽篇爲最精。然自聖人知心術之患以下多雜道家宗旨，其醇者已爲周子太極圖說所取。近人尊荀而詆周，知二五而不知十，名爲尊荀，實未知所以尊也。足下高識，豈不知之？特牽於董子之言，祖公羊遂祖繁露，因而祖及荀子耳。僕於董荀之學，皆有篤嗜，而其悖於聖言者，未敢一例附和。董子有言，正朝夕者視北辰，正嫌疑者視聖人。請以聖人手著之繫辭，一正董荀可乎？

八、答朱蓉生先生書

光緒辛卯年作

再拜言，鼎甫足下，曩者辱賜書，纚纚數千言，博實敷暢，意氣懇懇款款，若深慮持論有好高之患，而又不以爲不可與言者，慇懃而誘進之，此誠大君子與人爲善之懷，未易逢於並世者也。雖然，僕亦豈敢苟爲好高哉？持論所以異於宋儒者，竊不自量，以爲讀書窮理，稍有一日之長，且大道終有昭然共見之日，故不敢苟爲譁世以取寵。今請舍僕與足下之成見，而以孔子之道還之孔子，可乎？昔春秋以前，治成於君，政教之迹，實茫昧無可考，此夏殷所以無徵也。尼山崛起，教術肇興，參天地以贊化，託先王以明權，故三綱五倫，井田學校，孔子所立，何者爲善，何者爲惡，孔子所定。道之原起也如此，別有論著，不能具錄。然孔子之道至大，學焉各得其性之所近，此七十子後學所由各有記也。

今欲知孔子之言性，請先徵孔子之經。祖伊曰：「不虞天性」。據史記殷本紀所引，則伏生所傳之本，必作不虞知天性。𧦝鄭所註之本，已無「知」字，則「知」字必劉歆作僞所改去者。鄭傳劉歆之學，所注爲劉歆之劉本，則其說不待辨。僞孔傳能引史記以解之，則其說轉有可取。虞之訓度。說文云：「虞，騶虞也。白虎黑文，尾長於身，仁獸也，食自死之肉。從虍吳聲。詩曰：吁嗟乎騶虞」。此許慎採詩以爲說文也。文選三張衡東京賦注，劉芳詩義疏曰：「騶虞或作騶吾」，則可知古人但重口授，不重文字，而許慎之泥滯，其僞具見。惟是古人文字僅三千，餘則必須假借以足其用，□□論騶虞之虞，是否□□□□字，然借以爲虞度□□□也，虞樂也。皆有可□□□不能具錄，又□□必以爾雅有茹虞度也之文，遂謂訓度爲僞，益劉歆僞爾雅，亦必有所採，方能贋造一書也。今經文虞字下有知字，則訓以安樂二者不順，自宜訓以度爲順。（他時有考定訓詁之書，今不具論）使性而既善，人尚何必度知天性之所在哉？召誥曰：「節性惟日其邁」。節字之義，訓爲節制之節。節者天之制也，見春秋繁露循天之道篇。禮節之節，節者禮也。見禮記喪服四制。皆不能以順而致解之，即訓以節視也。見毛詩節南山序，釋文引韓詩。然既名曰視，即有人爲之功，亦非順而致也。詩卷阿曰：「俾爾彌爾性」。說文：「彌，長久也，從長爾聲」。觀此則知訓彌爲大，見易繫辭上傳，「故能彌綸天地之道」。虞注。訓彌爲廣，見文選遊天台山賦注引劉瓛周易義。訓彌爲終，見毛詩本傳。訓彌爲滿，見史記司馬相如列傳「彌山跨谷」正義，漢書司馬相如傳「上掩平彌澤」注。皆古學家從說文展轉而出，此外尙多，不能具錄。小爾雅訓彌爲益，亦不足據。惟訓彌爲縫，最有可取，見方言十三、廣雅釋詁二。蓋既與說文小爾雅異者，必得諸今文者矣。雖諸經復有假彌字爲他義者，然除去出自說文小爾雅之僞詁，此外今文之訓詁，其可見者尙多。是他經之彌字，或有不可以彌縫解之，兼傳可採之說，以會經意焉可矣。則試問彌縫之云者，人功乎？天功乎？順致乎？逆致乎？能說向性善去否乎？持此三說，孔子之論性，鐵案如山矣。

足下謂氣有昏明厚薄之不同，故性當節，是矣。又謂虞性、彌性云者，合乎當然之則，以充乎本然之量，卽窮理盡性至命之謂，則未知其何所本也。謂性何以節，特有禮而已，是也。謂所以範其血氣心知，以漸復乎天命之本然，而初非有所矯揉造作，理以爲質，禮以文之，則非也。蓋禮者，孔子所立者也。如備六禮以娶婦，當禮矣，善矣；踰東家牆而摟其處子，非禮矣，不善矣。若以爲一者出自性，一者不出自性，爲問伏羲以儷皮制嫁娶之前，人盡无性歟？謂範其血氣心知，以至於當然則可，謂漸復乎天命之本然，殆不可通也。聖經如此，請更徵七十子所記之傳。繫辭一書，多稱子曰，則是出於門人所記，非孔子手定之本，以之解易，則與以公穀解春秋同，要未可躋之爲經也。其言曰：「一陰一陽之謂道」，此指在天之道言。「繼之者善也，成之者性也」，是言善也則是聖人所繼之者，性也則是人人當成之者。蓋古書多倒句例，有順解之而其義不見，倒解之而其義乃顯者。詳貴師所著古書疑義舉例。且既曰成之，則人爲在焉，非謂性卽善也。足下論陰陽理氣，而徒泥宋儒之說，愈辨而障愈深也。

繫辭又曰：「窮理盡性，以至於命」。既當窮理，乃能盡性，以至於命，則孩提之性不能遂謂其善明矣。中庸云：「天命之謂性，率性之謂道，修道之謂教」。率之訓循，出諸爾雅，古文家取以徧注諸經，宜足下謂爲經典達詁也。王充論衡，雜家之書也，然正惟其雜，則今學之說，賴以傳什於千百焉。易繫辭下傳「初率其辭」，侯果注，訓率爲修，見李鼎祚周易集解所引。侯東非習僞古文費氏易者，其訓詁必得諸今文，最足信據矣，正與王充訓率爲勉同。今足下謂王充「教告率勉，使之爲善」二語，是則修道謂教之事，僕今訓率爲修，足下能謂僕爲詁修道謂教語，而非詁率性謂道語乎？則爾雅之僞詁宜闢也。然古人率帥間有通用，諸經中如率西水滸等，則不能以勉修二者詁之，當以帥字之詁詁之，要非所論率性之謂道一語也。仲尼知天命，文王純亦不已，此就既至聖人之境言之，不然，則孩提時豈遂能知天命，能純亦不已乎？天固無專生惡物之天，天亦不能生一人，使其全無所學，遂能止於至善也。論語云：「性相近也，習相遠也」。正惟性者生之質，人皆具一氣質，故相近；聖人從其氣質中別之曰，若者爲義理，若者非義理，於是習聖人之道者，則日近於聖人，不習聖人之道者，則日遠而入於惡人。告子曰：「生之謂性」，卽「性者生之質」之謂。「食色性也」，卽聖人從其食色中指出善惡之謂，故僕有取焉。荀子之與孟子辨者，其言曰：「今人之性，生而離其朴，離其資，必失而喪之，由此觀之，然則人之性惡明矣」。是荀子之與孟子辨者，蓋深恐人之任性而廢學，而所謂性惡者，以質朴之粗惡言之，非善惡之惡也。是荀子之言，未見有悖於聖言者也。昔宋人不達僞字之詁，遂羣起而攻荀子，足下何又不達於性惡之旨哉？孟子之言性善，以人之性善於禽獸者爲善，而不知人之異於禽獸者，知覺也，非善也。孟子又以孩提之良知良能爲證，而不知此亦知覺也，與善惡無與也。足下謂未聞梟獍在前，犬羊在後，而儒生可持一卷之書以格之，聖王可恃五禮之制以化之，至此可釋然矣。僕嘗慨孟子於智之一字，未能辨晰，遂至於告子争仁內義外之說。僕今於「長者義乎，長之者義乎」二語，試爲之辨曰：長者義，長之者智，未悉孟子復何以圓其說也。於公都子「行吾敬故謂之內」二語，又試爲之辨曰：所以行吾敬者智，智在內而義在外，未悉孟子何以使公都子圓其說也。「冬飲湯而夏飲水」，此智爲之，豈義爲之乎？足下能下一語以解之乎？

足下謂自告子荀子之論出，乃始與老、莊、釋氏相混，大著雖未獲拜讀，然謂聖王制禮，但爲苦人之具，非順乎性之自然，無惑乎老莊釋氏之徒，皆欲逃出乎禮法之外。不知聖人制禮，合乎道之當然，因乎時之必然，其開義又極廣，使聖道大明，雖百釋氏老莊，無有能決其範圍而入者。特患人不尊聖學，不能化性起僞，聖道日就湮沒，則老莊釋氏乃能乘弊而入耳，未審足下何以自圓其說也？今幸生逢盛世，羣書畢備，劉歆之僞明，孔子之真顯，而孟荀之優絀亦俱見。董子爲嫡傳孔門之學，其論性之精，得自孔子，足下可披其書而自見之，亦不待僕爲之辨。蓋足下豈徇己說以求勝之人哉？且如用孟子之說，世有所裨，張荀子之言，人受其害，則道以救民爲歸，荀子之研理雖精，僕或不惜曲說以就孟子，然正惟從孟子之說，恐人皆任性，從荀子之說，則人皆向學，故僕愈不敢於儒先有所偏袒矣。夫理愈窮而愈出，道日闢而日新，積人積智，而後苟有能補先聖之萬一者，雖與先聖稍有異同，而起聖人於九原，猶將諒之。聖人固大公無我，未嘗有自私自利之懷也，不能以異端一語，概乎没之也。蓋後生可畏，來者難誣，百年後必有論定者。況乎欲考孔子，則當以孔子之道還之孔子，尚不在異同之數哉！宋儒之功，自不可没，當風波頹靡，毅然束之，至今賴焉。然當日經學破碎已極，禮樂不能復興，則不得不求之於內，而語録之學出，勢也。因是求孔子修己以敬之學，得曲禮、玉藻、少儀之意焉，實其美也。謂其言性得孔子之真，非也。然欲舉其陳迹，以治今日中西大通之局，能乎否乎？使今日人皆獨善其身而止，不復知有生民之疾苦，教術之衰敗，利乎害乎？足下當自辨之。

西漢而下，每一大儒，其説既立之後，則下焉者咸附之。其意以爲幸附驥尾，名亦足以不朽，而坐對友朋，人必以正學之名屬我，其庶幾免少年之謗，又賴以文疏考古憚精思之陋，計良得也。足下豈有是耶？不知中國二千餘年，聖經瞀亂，大道沈霾，儒風不振，民困莫蘇者，皆此輩爲之也。六經雖亂於歆，然苟二千年儒者不如是，百歆無能爲也。世變日新，願足下毋自待菲薄，而思所以特立於萬世者。足下居高明之地，則行道濟時，轉移尤易爲力，豈僕所能望哉？幸深知其意，不憚往復以明斯道也。敬候與居，爲道自愛。書不盡言。

九、復康長孺孝廉

來教敬悉。書十一册均收到。公之見教甚是，但似未深察鄙意也。鄙意非謂西國政法，盡出於耶氏與摩西，亦非以摩西之教，盡行於歐洲，特謂摩西遺書，當時埃及希臘皆曾繙譯，其教亦盛，非如今日猶太之衰耳。鄙意方謂舊約爲耶氏所託，不足深信，其肯以歐洲之政，盡傅會於摩西哉？大率耶氏未出以前，西土有政而無教，巴庇倫政教已無可考。摩西雖在巴庇倫時，鄙意以爲有是人，而無是教。埃及、希臘、羅馬其初皆奉神教，埃及火教，火教出於波斯神教，則其舊俗奉神各國不同，大抵與今土番相類。此俗俄國沿至宋元時未改也，其教初用波斯，後本印度，第波斯火教與彼不同，彼故不諱言之，今西書猶多可考。佛教爲所自出，則諱莫如深，摩西十誡與釋氏同，故前人疑爲耶氏所依託也。若其政之傳自古昔者，非但西書言之，中書自范史後亦多言之，皆於其教無與，然此特耶氏未出以前則然，劉宋而後則政教合一矣。中國政教由合而分，西土政教由分而合，公前所云，乃適相反也。希臘、猶太，西土文物之地。猶太之所擅名者，以有摩西教徒，希臘之所以擅名者，以有拉丁遺制，天算等學乃其藝事，西人稱希臘猶太，多以其藝事著稱於古昔，而兼可考古遺制也。此如中國考據之學，於性理無與，於國之大政亦無與。且觀其言古制附會特甚，其視教徒且有甚焉。若索格底、布拉多之徒，雖言性理，而彼人視之未甚尊重，蓋猶是黨同伐異之見。西人於性理之學喜蔑古，於制度典章之學喜言古，要之皆不足深信。至畢氏之傳佛教，乃是駁文，四裔年表言周定王八年印度始行佛教，景王二年釋迦滅度，或云釋迦以景王五年始生，安得襄王時即有傳教之事？蓋彼人襲釋氏遺說而蔑之，惟恐不盡其言。印度事茫昧尤甚於中國，達摩爲迦葉二十八傳弟子，約計其時，釋迦亦不得在老氏之先。塞種見於漢書西域傳，是中土言釋教最古而可據者，餘皆僧徒眩惑之言。公據畢氏之單文，恐非確證也。

又

日前暢聆高論，快甚。舊約九册送還。觀君詳論，足資啓發。惟其書半係寓言，而君以迹象求之，未免方鑿圓枘。中土古時爲寓言之說者亦多，至莊列之徒，大暢其風，流毒後世。惟儒教則不然，一字一言，必徵諸實。憲章祖述，好古敏求，毫無師心自用之弊，此所以爲萬世之準則也。君於其當信者疑之，而可疑者反信之，視中西爲一轍，混莊釋爲同源，鄙人之所以不能無獻替者此耳。

至西人之言古制，穿鑿附會，視教徒尤有過之，其所言周秦以前之制度，斷難憑信。未譯諸書，吾不得而知之矣，若其說之行於中國者，考之矛盾牴牾，不一而足。中土講鐘鼎古文者，弊亦類是，況西人之考古倍難於中國，嚮壁虛造，無怪其然，特中土人不當爲所欺耳。麥西爲西土最古之國，地雖褊小，而統緒相承，非如巴庇倫之屢滅於異教者比。而麥西之制度，迄今仍不能詳。所賴以考古者，乃石柱文字之類，此正如中土之商鼎周彝，出於贋選者半，出於燕說者半，以博好古之名則可耳，其言豈果足徵信哉？

西土惟希臘拉丁有文字之傳，差爲可信。拉丁並不古，希臘亦已在中國制字千餘年之後。西人遠推諸上古，不過好勝之習，實則問其由來，彼亦不能言也。地球繞日之理發於歌白尼，成於刻日爾，此中西無異說，而來示有畢他固拉創造之言，果爾則其說爲極古。足下博覽西書，諒必有所本，乞將原書檢賜一覽，以擴見聞也。

又

大著兩册讀畢，敬繳。是書於字學之源流正變，釐然明晰，所論穿穴入微，多驚心動魄之語，惜鄙人素拙於書，欽其寶，莫名其器也。寶南綴法兩篇，尤爲服膺。執筆篇度盡金針，而所謂腕平者，尚未深達其說，遲日容再請教。

弟嘗妄論用筆之道，方易而圓難。方則易見厚，圓則易見薄。然圓可賅方，方不能賅圓，猶之地不能包天，天則可包地也。隸用篆法固可，篆用隸法似未盡可，完白山人傳至後世，恐不能無遺議。晉人楷法，至魯公而盡變，漢人篆法至完白而亦盡變，故皆能鼓動一世，要其爲變古則一也。君於兩家盛爲軒輊，似尚能平情之論，但書爲藝事，各道其心之所得，正不妨成一家言，非比辨章學術，偶一過當，或恐貽禍後人也。是書用力既深，望卽速付剞劂，以惠學子。弟於此事，雖無所解，亦願早得一本以爲臨摹之則耳。北碑今世盛行，此則關乎運會，北碑多伉厲之氣，與南帖之琴德愔愔者異。自同治末年，都中士大夫，喜聽秦聲而南曲遂爲所壓，此與重北碑同理，蓋皆北鄙殺伐之音，其機先見於百十年前，固莫之爲而爲也。鄙説未免背道而馳，然君夙喜爲觀微之論，聊妄及之，以資嗢噱。

函札四通

與沈刑部子培書　光緒辛卯年作

子培賢兄：昨得書，并審僕氣質之偏，而啓之以中和，所以愛牖之者甚至。横渠謂，朋友講論一日，則一日間意思差別，此孔子所以憂學之不講也。

吾子之學，體則博大兼舉，論則研析入微，往往以一二語下判詞便中窽却，非識抱奇特，好學深思，不能及此。生平所見人士，自亡友陳慶笙外，未之覯聞，誠一時寡儔也。但文理密察多，而發强剛毅少，論説多而負荷少，積之既習，便成老氏之學，不爲人先，因物自然，隨而不倡，見事太智，藏身甚巧，在己亦忘之矣。得無稟氣近是耶？

質氣如是，則讀書所得亦如是。朱子曰：仲山甫一詩，蘇子由取「既明且哲，以保其身」，伯恭取「柔嘉惟則」，某則取「柔亦不茹，剛亦不吐。」皆自各人氣質來。蓋蘇呂之近也。昔嘗念曾子之言「士不可以不弘毅。仁以爲己任，不亦重乎？」又以仁義較晉楚之富。子思標使者于大門之外，以德與位較。至孟子發不動心之説，附韓魏則欿然，説大人則藐之。皆至粗之論，氣質亦未和平，而崛强氣象，師傳一脈，遂爲聖門道統之任。石徂徠、陸子静、方正學、顧亭林，義理更精，亦開一時之學。朱子氣質亦復褊隘剛果，而以陸子靜不怕天、不怕地，乃謂南渡來八字着脚者，惟某與子靜。南宋大儒林立，而朱子所隱若敵國者惟陸子，得無以其堅卓能立也耶？故禪者最貴勇猛直截，趙州、黃蘗、德山一輩皆然。而謝上蔡獨有取于釋氏，稱譏苦樂毀譽八風不動也。

今天下博聞强識之士不少，患無知道者，尤患無任道者。惟漢學之破碎，見聞之雜博，有以累其心；風節之披靡，衆口之排擠，有以挫其氣，自非金剛不壞身，未有不化作繞指柔者。故今之中國，圓顱方趾四萬萬人，於四子書徧域中誦之，而卓然以先聖之道自任，以待後學，不爲毀譽排擠非笑所奪者，未有人焉。此所以學術榛塞，風氣披靡也。

兄研諸儒之學，洞大道之精，總鄉先生東萊、永嘉、餘姚之長，既以本末兼該矣。今但當養直方剛大之氣，毅然自任，如禪者所謂一大事，日夜與有志講求激發之，以待復生。培風既厚，自有從容于死生毀譽之外，而不爲稱譏非笑擠排所動者。天下未嘗無志士也，必有聞風興起者，推之漸遠，風氣漸移，人才所由出，國事所由賴，大道所由託，必在此也。誠無意于横目之氏則已，若此心肫肫有不忍于先王之道，斯人之徒，豈不思所以負荷之乎？

僕受質甚熱，得癡黠之半。十一齡知屬文，讀會典、通鑑、明史，十五後涉說部兵家書，于時瞢不知學，而時有奇特之想。將近冠年，從九江朱先生遊，乃知學術之大，于是約己肆學，始研經窮史，及爲駢散文詞，博採縱涉，漁獵不休。如是者六七年，二十四五乃翻然于記誦之學近于謏聞，乃棄小學、考據、詩詞、駢體不爲。于是內返之躬行心得，外求之經緯世務，研辨宋元以來諸儒義理之說，及古今掌故之得失，以及外夷政事學術之異，樂律天文算術之瑣。深思造化之故，而悟天地人物生生之理及治教之宜，陰闔陽闢，變化錯綜，獨立遠遊，至乙酉之年而學大定，不復有進矣。

僕生于窮鄉，坐覩族人鄉人困苦，年豐而無米麥，暖歲而無襦袴，心焉哀之。且受質近厚，仁心太盛，自弱少已好任俠之舉，雖失已□之不恤。加十年講求經世救民之學，而日日覩小民之難，無以濟之，則不得不假有國者之力。蓋不忍人之心，凝聚彌滿，融於血氣，染于性情，不可復抑矣。馬端臨曰：「古者户口少而才智之民多，今户口多而才智之民少。」所經之地，所閱之民，窮困顓愚，幾若牛馬，慨然遂有君師之責，以爲四海困窮，不能復潔己拱手而談性命矣。

嘗最愛顧亭林之言曰：「過蒲而稱子路，之平陸而責距心，嗟乎！夢中之心，醒時之心也；匹夫之心，天下萬世之心也。」又愛張江陵之言曰：「吾平生學在師心，不但一時之毁譽有所不顧，雖萬世之是非，有所不計也。」又曰：「余有一弘願，願以其身爲蓐薦，使人寢處其上，溲溺垢穢之，吾無間焉，期有濟于世而已。」僕竊願有然，自顧其身，不甚可愛，多生數十年而無大補于世，雖德行高妙，著述繁富，亦覺無謂。孔子曰：「吾非斯人之徒與，而誰與？天下有道，某不與易。」故于九十六君，而不憚勞，不以爲辱。伊尹有内溝之顧，故治亦進，亂亦進。後世王仲淹上太平十二策，程伊川上萬言書，凡前聖哲，未有不悲天命憫人窮者。

僕愚不自量，竊慕先聖往賢之義，外度之天時人事，而有遲不及待之勢；內求之精神年力，而有時不我與之傷。又以爲異教横流，挾强敵之勢而行之，其患可駭。脱有非常之變，退處無所，雖欲爲管寧、田疇、劉因、顧亭林，何可得哉？去冬不揣猥賤，妄上封事，冀幸一悟堯舜之主，及今爲之，猶可及也。既格莫能達，又察時事，諗風俗，采人才，無可與有爲者。既知時命大謬，知無可用，卽欲東入海，或將西去秦矣。太夫人在堂，未能舍科第，或復隱于仕，以具裘葛，養諸孤，雖一時未能買山，亦非復行吾道也。或一念決去，萬里浩蕩，不復可知矣。

夫僕不忍人之欲，豈有奇特勉爲者哉？猶人有聲色之欲耳。僕未忌聲色之欲，以爲合于義矣，則因而縱之。近知此欲萬無可縱之日，于是引萬物芻狗之說，坐視其顛連困苦而不顧視，而不忍人之欲，亦如毒蛇猛虎，大火怨賊，抑而制之，還山之數年，不知能斷割否也。然吾老母妻子兄弟朋友，安忍舍之哉？則此欲亦時決裂觸發，而必有不能盡制者。如援是亦爲政以自解，恐未能也。夫縱聲色者，粉黛列侍，二八弋遞，必力不能繼，則惟有長齋入山而已。若與之折額齵齒之無鹽、嫫母令慰情勝無，必不可矣。故僕雖制之，而不能保其不發矣。

今者僕將歸耕，將欲忘斯世。而寄其情，則無可用心者；爲文詞，則巧言以奪志；爲考據，則瑣碎而破道；爲天文，則無三十五萬金所築之高臺，二十五萬金所購之千里鏡，無一時精敏之士相與，各考一星，則天學必不成；爲地輿，則足跡不能遍行地球以測繪之，財力不能偏購地圖以參核之，則地學必不精。至於耕而不講農學，則未通土化之法，不能辨諸土所含物質之異同，輕重草木所含物質之多少，清濃以調劑之。泰西農學書院，公會四百餘，農具機器三千餘，農書萬餘種矣。彼合十數國相與謀之，一日之耕能三百餘畝，撒種刈禾，能百餘畝矣。吾與君卽欲講求，是不過取農政全書考求之，以餬余口，尚慮不足，豈復成學，以銷磨其壯心？如老僧之念佛而已，然不能爲佛氏之降伏其心；老氏之弱其志，不忍人之心橫決驟發。我無土地，無人民，無統緒，無事權，爲之奈何？或者其託于教乎？伊尹曰：「先知覺後知。」孔子曰：「誨人不倦。」凡比吾先而生，後吾而出者，皆吾人民也。聲氣所通，舟車所及，皆吾土地也。二帝三王，先聖諸儒，皆吾統緒也。立義樹說，皆吾事權也。雖明知無朱子之時，此學亦終不能立。然吾心所發，尚無大挫吾者，雖不久磨滅，姑縱吾心之所安也。

若夫何以爲教哉？有高有下，有淺有深，因人而發，要足以救今之弊，興起人心，成就人才而已。雖然先儒之開義至廣，各有流弊，其綱領條目，層累曲折，施之有本末，推之有先後，不能無商榷焉，而可言此者，寡矣。惟吾子究古今之本末，析大道之隱微，舍兄不言，孰與言哉？

近代大宗師，莫如朱王，然朱學窮物理，而問學太多，流爲記誦；王學□本心，而節行易聳，流于獨狂。或專尚經制，則少涵養，專重踐履，則少振拓。僕先師朱先生鑒明末乾嘉之弊，惡王學之猖狂、漢學之瑣碎，專尚踐履，兼講世事，可謂深切矣。而從遊之士，忠信愿樸者多，而發明光大者少，亦此之故。莊生所謂，其作始也簡，其將畢也巨，信矣。

僕謂教者猶醫者然，因其病而已。今之學者，利祿之卑鄙爲內傷，深入膏肓，而考據詞章則其癰疽痔贅也。必在明其本心，使從死生利害打破，令其緇軒冕而泥金玉，蹈厲發揚，人人有天人之思，而後浸以六經諸儒之大義，通以九通全史之掌故，深以造化物理之消息，其或有所補已。僕最愛佛氏入門有發誓堅信之說，峭聳精緊。世變大，則教亦異，不復能拘常守舊，惟是正之。

兄謂僕冬夏氣多，春秋氣少，是良然。從今力求盎潤和樂之氣，但流易而不峻截，則嗜欲又將中之。朱子謂教學者如扶醉人，扶得東則西倒。不獨學者，克己亦然。昔皋陶論九德，后夔教胄，箕子論三德，皆主變化氣質。一代之學不教人博聞强識，而惟以戈戕（戟）詩書琴瑟干羽和習之，有旨哉。後世禮樂既亡，嗜欲羣攻之，所餘毫釐義理，又爲訓詁詞章所蠹，縱論及此，不能不慨然而追思三代也。今西人禮拜堂有琴弦樂歌以應講經之節，聽講者又舞蹈赴之，其學亦於每日中以一時學樂習舞。釋氏誦經，亦有鐘磬以爲之節，繞行膜拜以習其體，蓋有三代之遺意焉。惟吾中國吾儒家獨無之。嗟夫！周之國子屬于樂正，意深矣。今吾生于三代時，吾氣質豈若是哉？于是益念先王之教治，不容已也。

孔子曰：「不可與言而與之言，失言；可與言而不與言，失人。」爲吾子宏中通理，廣大精微，僕豈可復隱？所著內外篇，説天人之故，行且次之呈覽。今略舉平生之志學相告，惟琢之磨之，稍省吏事，相與往復。僕八月行矣，此後南山之南，北海之北，相聚無幾，會合難知，不盡拳拳之意。

致沈子培書　光緒辛卯年（？）作

吾慣閱生死患難，北中書來驚震非常，吾猶置之。況公在所不及者乎？得書超然，如如不動，此學道人得力處。不然，則與俗子何異？姑静以觀其變焉。

此間有二三門人，吾無數日不與談學，以明德相摩。但與士夫不及此者，以見少而事多耳。然今俗不談學。公根器誠深遠，久泛宦海而不昧本來，深入俗塵而超然于心學，彼輩一瓶一鉢，絶世棄塵以言修道，亦何足計。即明儒入山靜悟，登堂說法，亦其俗使然。若今舉國不談而用力不怠，其斯爲大智慧、大勇猛、大慈悲者耳，願與公講之。遺老如聘三等或有人焉，其將光大之。前月曾與聘三喻志韶約講學，今有公主持之，益見德之不孤也。

朱子博大精深，誠類龍樹。然大乘經皆出龍樹，增一阿含經弟子品中以舍利弗爲第一，而無文殊普賢，故大乘初出，上座百年，不仞之日無是也。今錫蘭傳舍利弗南宗道於暹緬，錫蘭者印度名楞伽也。吾曾在緬，爲其人成佛教會，開大會說法。吾爲說大乘，皆曰吾經無是說也。以此言之，大乘殆即龍樹所創，而託之於佛，則龍樹乃聖者也，又非朱子所能比。適有事不多及，明夕或能相過，即候乙老四兄夕安。

僕少但服膺儒書，及吾廿二歲徧讀羣書後，辭九江先生而入西樵山道觀，讀過佛書。以長□爲無是，則究無生之說，枯木死灰，視身如無有，退視妻子亦作已死觀，雖與周旋而泊然，未嘗不極親而未嘗戀也。又遇厨者之殺魚，不忍其苦而放生，乃持齋焉。以三生無量世爲可信，而今者之來，乃偶然示現也。以曾誓大願不忍衆生之痛，而特來此濁世，則不能避痛苦，以自求之而非人與之也。故素位而行，隨遇而安，頗自在焉。

其後兼讀西書，窮心物理，二十七歲所悟知諸星之無盡而爲天。諸天，亦無盡也。知視蟻如象巢蚊蜨亦無盡，蓋知大小之無定而無盡也。不知天之爲一蟻乎，蟻亦一天乎？此由顯微鏡而推悟之也。日光之來照吾也，已閱十二年；電力之行也，一瞬已二十八萬里。乃悟吾所謂萬億年者，真頃刻也，而吾之頃刻，乃他物以爲萬億年者也。乃悟長短久暫之無定，而無盡也。故視天地甚小，而中國益小；視一刼甚短，而一身益短也。於是輕萬物，玩天地，而人間世所謂帝王將相富貴窮通壽夭得失，益瑣細不足計矣。然苟若是，則只有出世而已。然吾視萬物雖蟣虱之細，亦別有天地存焉，其中禮樂事爲，文理燦然，況於吾身之大而斯世之廣乎！吾既有身，則順受之，而行其正，無畔援，無歆羨，雅然無欲無事，安坐以享天然之美，先民創造之精，則得極樂焉。然迴視民物顛連困苦，是皆與吾同生於天者也。吾豈忍焉？則日以救民物爲職志，而又棄己之行樂。故吾一切皆安而行之，以爲日用行習之常也。然因是一不忍之念，先不忍其所生之國，而思救之，遂遭奔播以至于今矣。然見其大者，慮忽于微也，則凡人倫事物之間，生于今世及中國者，必循其時與其地之俗，而不踰焉。羅念菴曰：「未能湊泊，卽以未能湊泊爲工夫；更無彼岸，卽以不到彼岸爲究竟」。以斯爲安身安心受用之所，天地我立，萬化我出矣。公爲我證之。若以爲然，則知道卽體，更無難易，其不體道者，實其未知也。且亦忘道，豈知所謂體哉？勉强體者，未能證道者也。謹奉告乙菴四兄正之。

致梁啓超書　宣統二年作

吾爲人事溷苦甚矣。久不得學者論學之書。得書，並聖歌，甚括商儒行篇事，如空谷足音，爲之欣然，撥冗而復汝也。

特提拔儒行一篇。吾昔以此篇爲有儒服儒行標教之實名，易於發明孔子爲教主，頗能勉人，故□

特拔之。惟此篇但標行，故未極博大，遠不能比大學、中庸，故吾未以配五書也。禮運實爲弘大，且會大同，吾昔曾有注，欲拔出配大學、中庸。然儒行比孝經實爲深博，其名義顯切，或可代孝經也。然孝經所以鄭重者，實以父子之義，爲孔子所特重。故郊廟並擧以祖配天，其與耶教異者在此。故以孝與仁並重，而中國人民獨多，卽因於此。今日如仍重父子乎，則孝經似不可廢。若趨大同矣，則與商耳。儒行一篇，既言夫行，則崇高嶄截爲多，後漢之俗，頗出於此。然於今世，亦不甚近，其在佛乘中乃戒行品之類也。夫孔道之博，大中實爲一隅。佛說諸經諸品，詞各有當，本無上下大小之分，皆因病發藥耳，是在善解之。吾昔讀之數十徧，總覺未圓滿耳。

惟開口言哀公，孔子考在哀公前。則非孔子所作，此又不可注經而附會改經也。佛耶諸經無一宗自述，佛經皆多阿難述，而天下尊信之，何必自述乎？今只可如汝作云，孔子之言，而弟子述之矣。不然，據鄭云而定爲孔子手筆也。

論語、孟子、大學、中庸，本各自爲書，合爲四書，體實不類。今莫如以儒行、大學、禮運、中庸四篇合爲四記，則精粗先後大小畢該。或五行，卽大戴中容經，於禮容最精。弟子職於意訓最善，抑合此爲六，名爲六記。其序則以容經在儒行後或以弟子職附孝經，同爲小學，而此但爲五記，汝意如何。

汝註此篇甚佳，弟可寄我一定。「尊讓」一條，俞說似較詳妥，可從之。「不累長上」，可謂讓矣，何不可之有？惟「今〔衆〕人之命儒也妄，吾欲從此句讀常以儒爲詬病」，當時孔子初創儒教，必爲人疾矣，故云然。然則謬妄之攻，在所不免，而常爲人詬，尤當時實情。然則鄭句讀未妥，蓋後漢時儒已一統，康成忘創時之難。王通亦不知，惟好改鄭，故偶合，正不必從鄭，而不從王也。此間無書，當覓出再一讀，或有以告汝。方今世衰道微，學者逐於利而慕於新，不知大教爲何事。然天道循環，中國不亡，即强今人漸思，孔道又將大行。弟習西文於異域，尚能覃思及此。傳道得徒，吾一生發明孔學之道，其不中絶矣。方今國爭方競，舊理誠間有不適於時用者。今必當政教分行，雙輪並馳，乃不偏弊。故教會教部之設，不可以已，計將來不能不用吾此說也。汝體弱，宜爲道珍攝，不可太勞。

與甥女譚達印書 民國十二作

得書惻惻。莊子曰：「人之生也，與憂俱來」，故墜地即號啼焉。普天地人類，皆富貴安樂者少，而貧賤憂悲苦惱者多。聖人立爲人倫以安之，而樂之，然其苦惱即從人倫而生。而夫婦之道尤難，女子之苦最甚。無論何家何人，外似福壽富樂，然其內容之怨苦熏天，皆不能言者也。

佛之爲旨，曰婆伽婆。婆者，破也。伽婆者，煩惱也。盡其教旨以破煩惱而已。故曰忍土，曰無怒土，曰極樂世界，曰以喜悅爲食。然人之爲性，仁貪不同，淨穢殊異，聚而同處必不相能。故佛欲破煩惱，非令人離家尋靜處，必不能破。故佛並以出家爲教，皆爲破煩惱之故，不得已也。常人棄父母出家，則不孝，若汝今之遇，已嫁，則無養父母之責。所遇非人，不可共處，別求淨土，以破煩惱，而養靈魂，乃義之至也。

吾之所得，又與佛殊。吾昔三十年前得一顯微鏡三百倍者，以視一菊花瓣，大盈丈。懸蟻視之，大若車輪。今顯微鏡有千八百萬倍，則一蟻之大，幾萬丈，過于泰山十倍矣。鏡若再增億兆京陔秭壤溝澗正載極恒河沙無量數不可思議之，如蟻之大，亦同增。今我地球不過二萬七千里，每里一百八十丈計之，吾地大概四百八十六萬丈。十萬倍之顯微鏡照蟻，有一分八厘之身者，蟻大一里。若以四澗八溝六壤之顯微鏡視蟻，則蟻之大有四百八十六萬丈，同于吾地球矣。若加鏡至正載極恒河沙之位，則蟻大于吾地百萬倍。若加鏡至無量數不可思議之議字位，視蟻之大過于吾地球者爲一正倍。十萬萬萬若以議位全部改號碼，以千文記之，則一議位爲天字，又同一十百千萬億兆京陔秭壤溝澗正載極恆河沙無量數不可思議之一部爲地字，加至謂語助者焉哉乎也之也字爲一位，有此顯微鏡擴大此蟻，則蟻之大豈吾人之思，擬議之所能及。今姑勿推算地字及也字之蟻，但以天字之蟻，或只以比地大之蟻推之，一人之身有三萬萬血輪，蟻亦爲三千萬血輪，既大同于地，則其中亦有生物，亦有國土，亦有文物人倫禮樂，男女父子，夫婦君臣，兵争流血，其壽極短，比吾人殆亦千百萬分之一，其中哀樂憂悲苦惱亦與吾今人類同焉。若推至也字之蟻，其比地大之蟻之大不可思議，而也蟻之中，其有國土人物人倫禮樂壽夭，殆亦同然。此自極小破而推之者。夫小者無盡，則大者之無盡，亦吾同焉。今以吾地與金木水火土天王海王二百餘游星之繞日也，流星日隕，爲吾地同胞之死也者不可勝數也。吾日與二十八宿爲恒星同繞昴星，彗星之頻歲流出爲如日之死亡善數也。諸昴星共繞之團爲星雲天，諸星雲天共繞之團爲星氣天，諸星氣天共繞之天，由此轉推之，亦一十百千萬億兆京陔秭壤溝澗正載恒河沙無量數不可思議也。以以千文記之，此議天爲一位，又推至焉哉乎也之也位天，其大不可思議，其展轉推之亦不可思議也。

吾地有國土人物人倫禮樂，則諸星諸日之有國土人物亦有人倫禮樂夫婦父子同，其有苦樂憂懼壽夭得失同。自諸恒星之視吾地，其小已不可思議，況星雲星氣諸天之視我地乎？又況也天之視我地乎？又況吾地之一人，其爲最小最短之物，曾何足計，則深足爲哀苦悲憂煩惱乎？

吾生皆空，患難而日爲天遊，故有樂而無憂。卽隨人爲哀樂憂喜，而吾心如不動也。請吾甥試行之，與吾爲天人，爲天遊，其俛視此區區之地之人間世爲何若乎？日能素患難，不顧其外，無人不同得受。佛法有四禪，初禪爲有覺有觀，二禪爲無覺無觀，三禪有喜有樂，而無苦憂，四禪不喜不樂，爲入道之門，亦以覺觀爲入手，吾甥亦可試之。

吾有園在西湖，甥今不宜在粤，爲煩惱所觸，可來西湖住，以遣煩自超度。今法無量壽佛經，韋提希之遇惡子，亦與甥遇不同而同，亦可以心想而超度之。純想卽飛生于天上，純情卽墮落于人間，純欲卽墮落至畜生。今甥有此，乃正可離情欲而純想以生天，是在甥自爲之。